CUÁNTICA Y NO-DUALIDAD

CUÁNTICA Y NO-DUALIDAD

Un acercamiento metafísico y científico entre Oriente y Occidente

SESHA

Título original: *Cuántica y no-dualidad*

Imagen de portada: Nicolai Senin

© 2025, Sesha

De la presente edición en castellano:
© Distribuciones Alfaomega, Gaia Ediciones, 2024
    Alquimia, 6 - 28933 Móstoles (Madrid) - España
    Tel.: 91 617 08 67
    www.grupogaia.es - E-mail: grupogaia@grupogaia.es

Primera edición: junio de 2025

Depósito legal: M. 5.008-2025
I.S.B.N.: 978-84-1108-154-2

Impreso en España por:
Artes Gráficas COFÁS, S.A. - Móstoles (Madrid)

A la memoria de Kchatrya, mi querido maestro

La información es la *sustancia* de la Conciencia.

SESHA

Índice

Nota del autor

Alo largo del texto, y debido al nivel de abstracción de algunas ideas que conlleva cierta dificultad en su entendimiento, he optado por colocar en *cursiva* la idea o la palabra fundamental que encierra el sentido de la frase. De esta manera, el lector apresurado podrá encontrar una referencia que le permita englobar la idea que está leyendo; así, las cursivas indicarán el nivel de importancia de la palabra respecto a la frase e indicarán un momento de descanso y resumen en la lectura del material.

Por otra parte, y en esa misma línea de facilitar la comprensión de algunos conceptos, se advertirán algunas reiteraciones en determinados temas que, lejos de ser gratuitas, intentan facilitar al lector la comprensión de algunas de las complejidades que se desarrollan a lo largo de la exposición.

Agradecimientos

Nunca he escrito una sola línea sobre los acontecimientos narrados en el prólogo por mi muy cercano estudiante y amigo Koldo. La ayuda y el apoyo de cientos de estudiantes permitió paliar el inconmensurable dolor físico de aquel accidente ocurrido en marzo de 2006 y que a la vez se convirtió en el maravilloso desencadenante que nuevamente le dio sentido a la enseñanza del Advaîta.

Por la ayuda de todos aquellos que en su momento aportaron parte de su tiempo en una oración, o de quienes ya no están, como Nicolai, mi amigo pintor, o *Kchatrya*, mi ejemplar maestro y amigo milenario, mis inmensos agradecimientos.

No es este ni el momento ni el lugar de narrar tan confusa y dolorosa situación acaecida en el accidente de 2006, pero baste decir que aun el dolor puede convertirse en un valioso aliado cuando se lo vive con dignidad, sin permitir que rebase los límites de la cordura e invada terrenos no propios a su naturaleza.

Luego del accidente, y ya habiendo escrito un borrador inicial de este libro, lo deseché completamente a la espera de contar con el instante apropiado para retomar nuevamente el tema de la no-dualidad y la física cuántica. Muchos alumnos solicitaron saber qué ocurría con el libro y la razón de la demora en su edición. En verdad, no hubo otro motivo que la espera al llamado interior para escribirlo nuevamente. En marzo del presente año (2012), mientras estaba sentado en mi estudio, emergió la fuerza inusual de la comprensión queriendo, ahora sí, dar testimonio de lo escrito en este libro. En un mes di inicio y final a esta obra; las noches se sucedían a los días unos tras otros. Finalmente, el resultado está en vuestras manos.

El borrador inicial se entregó a mi también amigo y alumno Félix Arkarazo, quien logró darle cuerpo pedagógico a un tema profundamente complejo. Seis meses de idas y venidas, de correcciones de estilo y de inclusiones para introducir mayor claridad pedagógica a algunos temas científicos, fueron necesarios para darle un cuerpo consistente a esta obra.

Muchos de los ejemplos presentados han sido planteados en diversos seminarios impartidos en diferentes países; algunos otros han nacido de las disquisiciones con alumnos y también de charlas con mis hijos. Precisamente, consideré enseñar el Advaîta acercándolo a la cuántica cuando pude tener conversaciones con mis hijos preadolescentes y hacerlos interesar por estos temas que, a primera mano, parecen tan confusos. La risa de Thalia, mi hija, cuando le hablaba de meditación, pasó a válido interés cuando introduje temas de cuántica. Igualmente, el desinterés de Nico, mi hijo, pasó a convertirse en curiosidad que cristalizó en temas de diálogo no solamente de ciencia sino de metafísica. Intentaba acercarles de manera sencilla instrumentos de reflexión prodigiosos. Ahora, ya pasados algunos años, noto que la semilla de aquellas ideas empieza a brotar en sus mentes y en sus corazones. Thalia y Nico serán siempre mis maestros en el arte de aprender de la ternura y la entrega.

La reflexión sobre las abstracciones matemáticas o científicas posee un gusto inefable que también posee el análisis de la metafísica. Aprender a pensar y a reflexionar es un reto que lleva a ordenar adecuadamente un tren de ideas con el fin de saltar más allá de ellas mismas. Muchos de los temas asociados a la metafísica del Advaîta y la física cuántica tienen numerosos puntos en común, convergen en conceptos que producen inestimables ideas sobre el universo y su naturaleza material e ideal. Acompañando a la edición de este libro está el esfuerzo de jóvenes enamorados del saber. Agradezco profundamente a quienes permiten la subsistencia de la asociación AFVAS como fuente para llevar, a través de Internet y a miles de personas situadas en las regiones más apartadas, las exquisitas herramientas que el Advaîta provee para el enaltecimiento de la vida. Para todos ellos mi inmensa gratitud por su cariño y por su fuerza para seguir indagando en los escarpados terrenos del saber.

Prólogo

Estamos ante un libro donde se conjugan dos temas que, de por sí, tienen la fuerza suficiente para arrastrarnos a mundos donde la mente racional se aboca irresistiblemente al resquebrajamiento. Adentrarse en ellos y que la función de onda personal no colapse, por no pensar sobre lo que se está leyendo, es uno de los logros de este libro, dado que el autor nos mantiene atentos a la lectura atrapándonos con su magia.

Mantener la curiosidad y la atención del lector a pesar de los abstractos conceptos que se manejan y, además, hacer que dichos conceptos sean planteados de forma que podamos entenderlos, al menos intuitivamente, es el gran mérito del autor, y lo consigue debido a tres características que se aúnan en él:

1. Su continua experiencia No-dual, que le capacita para hablar de la enseñanza tradicional oriental desde su propia y profunda vivencia personal.
2. Su formación en ingeniería, que le provee los conocimientos necesarios para adentrarse en el mundo de la ciencia y, más detalladamente, en el de la física cuántica.

3. Su habilidad pedagógica, desarrollada durante treinta
   años de docencia, que le procuran el arte de hacer entendibles conceptos muy abstractos y difíciles de transmitir.

A diferencia de otros libros en los que prima más la formación académica o científica de los diferentes autores, en este
libro, aun hablando de la misma relación entre metafísica y física cuántica, la profunda experiencia No-dual del autor le da
un valor añadido a este texto que no se encuentra en otros de
planteamientos similares.

Al intentar acercarnos intelectualmente a las experiencias
superiores de percepción que el ser humano está en condiciones
de vivenciar, y que son transmitidas por los sabios de todas las
épocas, los conceptos que configuran los modelos que intentan
plantear dichas experiencias suelen ser esquivos en su comprensión.

En la tradición oriental, y en especial en el Advaîta, del cual
el autor es un instructor sin igual, se plantean términos como
karma, *maya*, *agnana* (ignorancia), No-dualidad, Conciencia,
samadhi (experiencia final), etcétera, a través de los cuales se
plantea toda una cosmovisión que nos ayuda a la comprensión
de lo que somos en realidad y un camino de realización personal para llegar a identificarnos con dicha realidad.

En Occidente la ciencia, en su afán de llegar a los entresijos
de la realidad material, empezó a encontrarse hace unos cien
años con realidades físicas que ponían en entredicho lo conocido
hasta ese momento. Los experimentos realizados por la física
cuántica hicieron que se empezaran a acuñar conceptos como
función de onda, función de probabilidad, principio de incertidumbre, teorema de Bell, información, etcétera, para explicar
las realidades con las que se iban encontrando. Estos conceptos
no son fácilmente aprehensibles por el intelecto, al igual que
ocurre con los planteados por Oriente para explicar la realidad

metafísica. Las recientes propuestas de Occidente para explicar la realidad física son más fácilmente entendibles de forma intuitiva que de forma racional. Así, se fue haciendo cada vez más evidente para cada vez más investigadores que tenía que ser posible acercar la realidad física planteada por Occidente con la metafísica expuesta por Oriente desde tiempo inmemorial.

Y aquí comienzan las preguntas: ¿podemos poner de acuerdo conceptos del Advaîta, en los que se plantean términos como *karma*, con los planteamientos de la física cuántica, en los que el orden no es determinado sino probabilístico? ¿Puede la física actual ayudarnos a comprender lo que somos en realidad? ¿Somos una realidad física o espiritual? Y si somos ambas cosas, ¿nos pueden ayudar la física cuántica y el Advaîta a acercarnos racional o intuitivamente a dicha comprensión?

Tenemos muchas preguntas sin respuesta antes de comenzar a leer este libro, pero no desesperéis, ya que el autor es un consumado experto en el arte de navegar por la realidad espiritual planteada por los sabios orientales; además, el hecho de ser un occidental formado científicamente le permite aunar las dos realidades siempre en conflicto, la material y la ideal, y transmitirnos con su excelentísimo don pedagógico una unificación intuitiva que nos permita acercarnos a lo que, paradójicamente, ya somos.

Para comprender cómo y cuándo ha sido fraguado el libro, voy a relatar sucintamente mi relación con el autor.

Corría el año 1999 y mi vida transcurría por una etapa de mucha actividad, en la que se mezclaban intensas pasiones que daban apariencia de viveza a las experiencias, con una búsqueda espiritual que no acababa de encontrar una dirección firme. Los diferentes maestros que había conocido hasta entonces no habían dado respuestas a mis preguntas sobre el porqué de la existencia, ni sobre los demás porqués que se hacen en dicha búsqueda, y no encontraba un rumbo hacia donde dirigirme claramente.

Un día, una buena amiga me habló de un maestro de meditación (Sesha, de ahora en adelante) que debía conocer, ya que
era diferente y quizás podría aportarme respuestas o, al menos,
algo nuevo en relación a tanta inquietud intelectual. Así que,
coincidiendo con un curso de meditación que se iba a realizar
en Bilbao (España), me apunté con la curiosidad de un niño que
va a conocer algo nuevo. Cuando llegó el día, la sala donde se
impartía el curso estaba llena de estudiantes que ya estaban sentados incluso a lo largo de la periferia, siguiendo el contorno de
las paredes, y el único lugar que quedaba libre era un sitio a la
derecha del maestro. ¡Eso impresiona! Así que dije: «¡Glup!,
bueno, soy valiente, allá voy», y allí me situé.

La escucha de la enseñanza me producía más preguntas que
respuestas y un dilema: cómo resolverlas. Así pues, allí estaba
yo con mis dudas, con él a mi lado e incapaz de preguntárselas,
ya que ante su presencia me sentía bloqueado. Cuando me armé
de valor y le formulé mis primeras dudas, percibí una cercanía
inmensa que en mi fuero interno no había sospechado que pudiera darse entre un maestro y un estudiante en aquellas circunstancias. Aquella primera vez que hablamos directamente
aprendí una lección importante: que la distancia la ponía yo, y
eso me causó una grata impresión. Cuando acabó el curso, pude
compartir con mi amiga mis impresiones sobre el seminario,
que fueron las siguientes:

Había aprendido una gran lección.

No había entendido casi nada, por lo cual mi orgullo estaba
herido.

Había un olor a verdad en todo lo que decía Sesha, por lo
cual se hacía necesario profundizar sobre lo que se planteaba en
dicho curso.

La semilla sembrada en aquel invierno tardó varios meses
en germinar, ya que ni la enseñanza ni la práctica meditativa
eran fáciles de asimilar. Afortunadamente, dicha semilla empezó a florecer al año siguiente, cuando comencé a acudir a los

retiros y a tener la oportunidad de profundizar en los diversos planteamientos del Advaîta.

En aquella primera época, el hambre de conocimiento espiritual empezaba a ser saciada por la enseñanza de este inconmensurable personaje, Sesha, que empezó a ser un puntal en mi vida en cuanto a tener la capacidad de marcar una referencia clara, tanto para mí como para otras muchas personas, en relación con la búsqueda espiritual, lo que representa y lo que es en realidad.

Por el año 2002, en el continuo bullir de diferentes aspectos, giros y planteamientos que realizaba el autor respecto a la enseñanza, empezó a introducir en los cursos diferentes principios de física cuántica que podían hacer más entendible, intuitivamente al menos, la experiencia No-dual a través del acercamiento a la ciencia actual. Todo ello empezó a gestar este libro, el cual aportará al lector claridad respecto a los planteamientos metafísicos desde un punto de vista científico. ¡Qué apasionantes momentos, donde no se entendía nada y había innumerables campos de información donde buscar para intentar aprehender algo del conocimiento espiritual! Las continuas referencias a la física cuántica en los diferentes cursos y el anunciado libro sobre el tema que, según se decía por aquel entonces, era de inminente publicación, me impulsaban a que en cada curso le hiciera continuas preguntas sobre cómo iba la preparación del libro, con la avidez del que espera un dulce a la salida del colegio.

Este interés empezó a decrecer poco a poco, ya que la publicación se demoraba, lo que hacía presagiar un cambio o un giro en el autor del cual desconocía su magnitud. El giro llegó inesperadamente en forma de un salto cuántico de diez metros (la distancia que separa el tejado y el suelo de su casa), a cuya formulación matemática bien podríamos aplicar las ecuaciones de Planck, el principio de incertidumbre de Heisenberg y la ecuación de onda de Schrödinger. Y aquí podríamos hacer una pregunta con relación a lo que se plantea en este libro: ¿este accidente fue obra del *karma*, del destino, o fue obra de la probabilidad de que ocurriese por andar por el tejado de su casa? Este giro, *kármico* o cuántico, trajo muchos cambios a numerosas personas y, no se sabe por qué razones, me tocó vivirlo en primera línea.

Mi visita a Sesha en Bogotá, en el año 2006, estaba prefijada en un retiro de meditación previo que habíamos compartido. Así, el viaje de vacaciones que hice con mi pareja por Argentina lo tenía preparado para regresar vía Bogotá, ciudad en la cual tenía previsto hacer una estancia de cuatro días. Estando en Buenos Aires, al conectarme a Internet para concertar la hora de llegada, leí en el correo electrónico la noticia del accidente y la petición de la familia y de *Kchatrya* (su maestro) para que no acudiéramos a Bogotá, aun siendo este uno de los mayores deseos de muchos de sus alumnos. Por mi parte nunca hubo duda de lo que debía hacer: ya que tenía el billete de vuelta vía Bogotá, allí me presenté.

La primera vez que le vi en Bogotá fue después de un largo día en la sala de espera del hospital. Al finalizar el día me fue permitida la entrada en la habitación y, al verle, brotó una oleada de amor, calidez y alegría que nos envolvió a los dos e hizo olvidar por un momento su precario estado de salud. Al día siguiente los médicos le dieron el alta del hospital y le enviaron a casa. Ya en la familia se planteaba la problemática de contratar a un enfermero para su cuidado durante la incierta recuperación futura. Ajeno a esas conversaciones, simplemente ayudaba en lo que podía y hablaba con él en los pocos momentos en que se encontraba en disposición de hacerlo.

Y llegó el día de la partida; ya habían pasado cuatro días y mi vuelo salía en unas pocas horas. Después de preparar la maleta, fui a despedirme a la habitación. Fue entonces cuando el maestro resurgió con esa fuerza inaudita que le caracteriza y en una sola frase me partió por la mitad: «¿Ahora que te necesito te vas?». Eso fue lo que me dijo. La mezcla de su humildad y mi estupidez, por no haberme dado cuenta de que podía haber ofrecido mi ayuda, generó tal estado de sorpresa que creó un momento absoluto presencial. Esto me hizo reaccionar rápidamente y, después de algunas llamadas telefónicas, pude arreglar una primera estancia de quince días (posteriormente la estancia se prorrogaría más de mes y medio). Con esta noticia, volví a la habitación a comunicarle lo conseguido. El profundo agradecimiento que vi en sus ojos me volvió a partir por la mitad. En diez minutos, Sesha había conseguido fracturar mi ego de dos maneras diferentes. Su humanidad empezó a cobrar una dimensión no conocida por mí, y eso caló profundamente en las semanas siguientes durante su ardua y dolorosa recuperación.

En esas primeras semanas la evolución era muy lenta y el dolor corporal muy fuerte, y esto contraponía la condición humana del autor frente a la excelsa enseñanza transmitida por él. En esta tesitura, nunca hubo ninguna contradicción, y fue una oportunidad maravillosa ver cómo la más alta metafísica puede materializarse en la vida diaria, por muy dura que esta sea. La cotidianidad consistía en diversas sesiones de curación a cargo de diferentes terapeutas, así como ejercicios, visitas, los descansos requeridos y los espacios personales. Durante toda esta actividad estuvimos hombro con hombro compartiendo los momentos dolorosos y celebrando los pequeños cambios en su evolución, que se vitoreaban por todos los presentes como cuando se gana un campeonato mundial de fútbol. A lo largo de estas semanas también hubo lugar para las expresiones emocionales, las cuales forman parte del ser humano, y no fueron nada desdeñables, tanto con su familia como con otras personas que confluían en el momento. La situación fue avanzando, la mejoría asentándose, el momento de mi partida acercándose, y se planteó la forma de hacer un relevo que correría a cargo de Jorge y Coral, dos más de sus alumnos cercanos, quienes viajaron desde España.

El día de la partida también fue muy intenso (¿qué día no lo fue?), ya que me despedí hasta tres veces de él, llevándome un recuerdo especial de *Kchatrya*, quien fue la última persona de la que me despedí con un fuerte abrazo.

La experiencia de Bogotá llegó a su fin y volví a casa, donde me esperaba María José, después de mes y medio. Siempre tuve claro que era la punta de lanza de toda una comunidad espiritual que estaba apoyando el proceso de recuperación de Sesha, que se dio favorablemente, y de la vivencia puedo decir que pude experimentar, entender e integrar partes de la enseñanza, como el *karma yoga*, no adueñándome de la acción, la entrega, ya que estaba a total y absoluta disposición de lo que hiciera falta las 24 horas del día, el aquí y el ahora, porque no había nada más donde poner la atención, y otros aspectos que las filosofías perennes abordan para transmitir lo intransmisible. Pero lo más importante fue integrar la figura del maestro con la de la persona normal, con todas sus expresiones humanas, y comprender algo muchas veces mal entendido en la enseñanza: que esta puede integrarse en la vida cotidiana de una manera sencilla.

Cuando Sesha se recuperó lo suficiente para comenzar a enseñar de nuevo, su pedagogía se llenó de nuevos matices y aspectos novedosos que sorprendían continuamente. Dichos aspectos empezaron a formar parte del nuevo material para sus futuros escritos, y parte de este nuevo material estaba relacionado con los planteamientos de este libro, que abordan los nexos entre la No-dualidad y la física cuántica.

Su elaboración llegó a su fin con la inclusión de nuevas descripciones de términos como «información», «simetría» y otros conceptos ya presentados en su libro *Los Campos de Cognición* (2003), y otras novedosas facetas relacionadas con el tema.

Tenemos delante un libro que nos puede ayudar a adentrarnos en las profundidades de la realidad, bien sea física o metafísica, vertientes que finalmente se unen, y este acercamiento a lo trascendente siempre lo haremos en gran medida por vía intuitiva, ya que lo racional siempre está limitado por sus propias características de funcionamiento.

Dejémonos guiar por los hábiles y certeros planteamientos del autor, que, a través de su experiencia, puede mostrarnos el camino para que nos lancemos a la búsqueda de la nuestra y desde ella indagar en las profundidades del Ser, que es, a fin de cuentas, lo importante.

KOLDO BARRENETXEA, Bilbao (España),
diciembre de 2011

Introducción

Suena extraño escuchar a un físico cuántico hablar de metafísica oriental. La estructura de su mente restringe teorías, conceptos e ideas de manufactura oriental, pues no suelen acomodarse a su peculiar forma de expresión racional. Sin embargo, científicos excepcionales como Böhr, Schrödinger o el mismo Einstein advertían la certidumbre de que el universo posee una perfección que aún la descripción matemática no logra definir. Como estos científicos, muchos otros matemáticos y físicos eminentes fueron afectos a incluir la filosofía como elemento reflexivo, buscando configurar así una representación más completa de lo que es el universo y el conjunto de fuerzas que integran su funcionamiento.

Pero tal vez más extraño aún es escuchar a un vedantín estudioso de la más alta metafísica oriental opinar de física cuántica y equiparar su experiencia directa de la No-dualidad al compendio científico occidental. Insignes maestros de la tradición Advaîta del siglo pasado iluminaron con su vivencia interior a millones de personas. Personajes excepcionales como *Ramana Maharshi* o *Nisargadatta*, maestros realizados de su propio mundo interior, expusieron un abanico de enseñanzas que explicaban la realidad del mundo desde una perspectiva aparentemente ajena a la opinión académica occidental. Realmente es difícil pedirle a un científico que estudie, profundice y experimente a través de la meditación interior las eternas verdades que han cantado los grandes *rishis*[1] desde los albores de la civilización aria; más aún, asumir que muchas de esas verdades experimentadas puedan ofrecerle un camino de reflexión válido y adecuado a sus pesquisas racionales. Pero más difícil aún es encontrar un maestro vedantín con un atisbo suficiente de realización interior que logre profundizar en la descripción materialista y racional de la ciencia, con el fin de buscar aquellos elementos comunes entre las ideas más abstractas de Oriente y Occidente.

La formulación matemática del mundo de la cuántica suele ser bastante compleja. La especialización que se requiere para entender sus postulados, al igual que el dominio de las complejas ecuaciones matemáticas, hacen del mundo de la física teórica un bastión intelectual cerrado. Sin embargo, también resulta complejo introducirse y entender cabalmente la alta metafísica del Advaîta. Las teorías allí propuestas son profundamente abstractas; la mayoría de las veces son comprendidas y realizadas, al igual que en la cuántica o en la relatividad, por tan solo un puñado de personas excepcionales, muchas veces desconocidas. La experimentación de la No-dualidad, la teoría de *maya* y otras ideas más que forman parte del portafolio filosófico oriental pueden estudiarse por años sin cuento sin encontrar en ellas la resonancia empírica que requieren sus postulados. El raciocinio no es suficiente herramienta para escudriñar el universo que aparece luego de la muerte de un pensamiento y antes del nacimiento del siguiente.

Como se puede advertir, la brecha entre metafísica oriental y ciencia occidental parece ser, a primera vista, completamente

---

[1] Maestros realizados en la percepción No-dual, cuyas vidas mantienen aún una relación de compromiso social y familiar.

insalvable a causa del excesivo formalismo que se necesita para captar las implicancias finales de ambas disciplinas.

Mi interés como pedagogo del Advaîta siempre recayó en la necesidad de experimentar en la propia interioridad las eternas verdades metafísicas que subyacen como sostén del universo. Para lograr llegar a puerto seguro en dicha indagación es necesaria una profunda y constante reflexión interior. Es solamente desde allí que se puede convertir la mente en un estable laboratorio de análisis que permita detectar organizadamente su funcionamiento. No obstante, las profundas vivencias personales, como la del *nirvikalpa samadhi*[2], son realmente intransmisibles. Los estados superiores de cognición no son indagables bajo los mismos patrones mentales con los que se sostiene cualquier investigación en Occidente, razón por la cual su análisis es profundamente complejo y su experiencia, difícil de analizar racionalmente.

El gran trabajo de este pequeño libro es aprovechar las maravillosas abstracciones de la física cuántica, las ideas de los grandes científicos occidentales, para que sirvan de comparación a la forma en cómo vemos y experimentamos el mundo desde la vivencia de los sabios orientales, personajes que han forjado una metafísica que hace milenios que describe de forma práctica la esencialidad de su pensamiento: la No-dualidad.

La cuántica posee un admirable conjunto de ideas que se acuñaron con el fin de expresar las nuevas tendencias que representaban el naciente modelo teórico del universo microscópico. Muchas de esas ideas abren las puertas al encuentro entre ciencia y filosofía y casan como anillo al dedo con gran parte de las complejas descripciones que del mundo hace el Advaîta.

Al igual que el método científico requiere de la universalidad de la observación de los procesos naturales, y la consi-

---

[2] Estado excepcional No-dual de cognición, donde el universo se conoce en detalle de forma simultánea y ubicua en sus diversos e ilimitados componentes.

guiente repetición de las conclusiones en cualquier laboratorio, asimismo el Advaîta necesita el elemento empírico de sus indagaciones interiores y la consecuente repetición en cada individuo como mecanismo de confiabilidad de sus postulados.

En este caso, las ideas de la cuántica y el Advaîta logran aunarse para ofrecer, a todo sincero estudiante del mundo interior, un modelo de reflexión en el que se hace hincapié en el entendimiento de las similitudes, más que de las diferencias, entre las ideas más abstractas que existen en Oriente y Occidente.

Hago hincapié en que no soy un científico, aunque poseo formación de ingeniero. Mi único interés se basa en acercar a mis estudiantes de todo el mundo una visión más madura y actual de la realidad, utilizando como estandarte el desarrollo del profundo discernimiento interior.

Decenas de años indagando en la silenciosa observación de la vacuidad interior, y demás estados superiores que desembocan en la repetida vivencia No-dual, son mis únicos argumentos para profundizar en la divina ciencia del Ser. La descripción de las teorías cuánticas no son más que un simple mecanismo pedagógico que busca acercar a los estudiantes al entendimiento de la metafísica ideal más elocuente de cuantas existen: la No-dualidad.

Algunas de las conclusiones más profundas de la cuántica parecen dibujadas por los pinceles de los más realizados maestros interiores orientales. El misterio de cómo, a través de caminos diferentes, es posible plantear similares conclusiones de culturas tan disímiles respecto al origen de lo manifiesto es francamente maravilloso.

Sinceramente, creo que todo gran científico debe ser un pleno observador de sí mismo, pues si las teorías no poseen la elegancia de explicar cabalmente las diversas interpretaciones de la creación, entonces sus conclusiones son no solamente inválidas, sino limitadas. Creo, además, que el más grande filósofo ha de ser metódico en sus investigaciones interiores, tal como un científico lo es respecto al mundo externo, donde desenvuelve mayormente sus análisis.

He aquí un camino maravilloso: intentar compaginar materia y mente, lo divino y lo humano, el Ser y el no Ser.

SESHA, Valencia (España), mayo de 2011

CUÁNTICA
Y
NO-DUALIDAD

CAPÍTULO 1
Bases teóricas de la cuántica y del Vedanta

UN ACERCAMIENTO ENTRE ORIENTE Y OCCIDENTE

La ciencia, específicamente la física, intenta deducir modelos matemáticos que concuerden con la experiencia y la observación del mundo; todo modelo matemático busca finalmente llegar a predecir acontecimientos, es decir, poder conocer con certeza todas las variables que posee un sistema en una circunstancia futura.

Normalmente, el lenguaje de las matemáticas ha sido la potente herramienta usada para dar cuerpo a las ideas de los científicos. La dificultad que presentan otras disciplinas para encontrar un lenguaje tan universal como las matemáticas para describir sus modelos impide la plasmación de teorías contrastables que se integren para crear un saber único. Es así que, por ejemplo, en disciplinas como la psicología o la filosofía, se construyen modelos que a veces son complementarios pero frecuentemente divergentes. Ello ha llevado a que las ciencias humanistas y las exactas enarbolen estandartes diferentes y conformen feudos propios. Gran cantidad de conclusiones de tan variadas disciplinas intelectivas suelen ser completamente ajenas entre ellas, pues no existe un lenguaje común mediante el cual se puedan construir y analizar sus respectivos modelos.

Toda ciencia occidental parte de un postulado similar que denominaremos «realismo dualista». Este, tal vez el más rotundo y común de los postulados de la indagación científica, tiene que ver con el hecho de que los diversos constituyentes del universo se distinguen siempre diferenciados, esto es, el universo es la suma total de eventos individuales, todos independientes por sí mismos. La creación es una suma de partes reales que, gracias al proceso evolutivo, se diferencian unas de otras; en suma, las fracciones que conforman el mundo son independientes del observador que las conoce. Según esta afirmación, cada elemento que forma parte del mundo es una realidad propia. Una casa, por ejemplo, es un ente material diferente a los árboles que la rodean; de igual manera, cada uno de los constituyentes de la casa, como ventanas, grifos, mesas y cortinas, difieren cada uno entre ellos; son unidades independientes con realidad propia. Adicionalmente, la casa se diferencia también como realidad de quienes la habitan; una cosa es su dueño y otra bien diferente la suma de eventos materiales que constituyen la morada. No hay una relación de dependencia en la existencia de cualquier fracción respecto a otra, ni siquiera los grifos o ventanas existen dependientes del dueño, pues cuando este muera o la venda, vendrá otro habitante. El realismo filosófico determina la independencia de cada objeto existente.

La ciencia occidental no suele escudriñar el mundo desde un postulado diferente al del «realismo dualista», y desecha de plano cualquier investigación que diverja de este postulado inicial. Esta extraña actitud de la ciencia occidental justifica el atrincheramiento en sus propias especulaciones e impulsa a que cada fracción de su saber sea una infranqueable isla, una isla que es imposible cambiar y desde la que es no menos imposible realizar un análisis comparativo con otros modelos de pensamiento, ni siquiera con el modelo «idealista»[3].

Esta circunstancia ha inhibido que parte de la tradición del pensamiento oriental pueda ser unificada con criterios occidentales. Algunas de las más grandes teorías metafísicas de la filosofía oriental tienen como base inicial de investigación una serie de postulados «idealistas» que Occidente declara absurdos y fuera de la realidad; se asume que son teorías faltas de practicidad, que suelen enajenar la mente humana llevándola al extravío, induciendo visiones y realidades inexistentes. Un ejemplo de idealismo es la relación existente entre la creación artística y el modelo creado. El artista entrega en su obra su arte; la obra creada lleva la firma creativa del artista. Entre artista y creación existe un vínculo ineludible; la obra final jamás puede verse independiente de su creador. Por lo tanto, para el idealismo existe un vínculo entre objeto y sujeto; una interdependencia de uno y otro. El *sujeto* existe como agente activo en el mundo, pues su mente modela la realidad final de los *objetos*, por lo que ellos no pueden ser independientes de su creador.

En la actualidad no se ha planteado un modelo lo suficientemente integrador que pueda relacionar las ciencias exactas que ondean en el panorama del realismo filosófico y las teorías idealistas de Occidente y de Oriente. No hay un concepto, un modelo lo suficientemente innovador que posea la virtud de mostrar las mil caras que se presentan de una sola verdad. El mundo está esperanzado en la reconciliación política; sin embargo, los propios cánones y modelos científicos, estéticos y, en general, culturales siguen siendo completamente divergentes.

El presente libro intentará desarrollar una antiquísima idea, la No-dualidad, para tratar de verterla en el apasionante mundo

---

[3] El «idealismo filosófico» tiene que ver con un universo cuya existencia está íntimamente relacionada con el observador que lo conoce. El «realismo filosófico», en cambio, asume las diversas partes que constituyen el universo como existentes por sí mismas e independientes del observador que las conoce.

de la física clásica y cuántica. Los últimos adelantos de la física cuántica han llevado al nacimiento de un extraño modelo de realidad, cuya naturaleza es caldo de cultivo para ideas que pueden ofrecer un maravilloso parangón entre los diferentes modelos orientales y occidentales del saber. Existe una deuda con la humanidad misma consistente en buscar lo común en lo diferente. La verdad debe agrupar en vez de escindir. Lo más grande que un concienzudo investigador puede legar es el carácter universal de sus conclusiones, pues cuanto más amplias sean estas, mayor es el fruto de unicidad que pueden lograr aquellos que las analizan.

La idea del presente libro es mostrar las coincidencias en el pensamiento de los principales postulados de la física cuántica con el desarrollo filosófico que realiza el Advaîta al analizar el mundo. Estudiaremos inicialmente las bases conceptuales que soportan el pensamiento científico y, posteriormente, aquellas que sostienen el pensamiento del Advaîta. A medida que profundicemos en ambas concepciones se plantearán las posibles relaciones entre ambos sistemas de pensamiento. En el siguiente capítulo procederemos a dar una explicación más concisa de las ideas fundamentales de cada uno de ellos para, posteriormente y a lo largo del libro, relacionar las implicaciones mutuas y las maravillosas conclusiones en que derivan dichas ideas.

BASES DE LA FÍSICA CLÁSICA

La física clásica sostiene como base de sus pesquisas tres axiomas fundamentales. Estos tres postulados sirven de derrotero a cualquier conclusión que pueda emitirse en el modelo científico de investigación de la realidad. *A priori* se aceptan estos tres postulados como válidos; el modelo occidental da cabida exclusivamente al análisis que se basa en estos principios y que son:

1. *El universo es real, es decir, los objetos que lo constitu-yen son independientes del observador que los conoce.*

Las leyes del movimiento de Newton, por ejemplo, no inclu-yen en sus ecuaciones la naturaleza de un sujeto que observa dicho movimiento. La variable denominada «sujeto» no interac-ciona con el movimiento que observa. Por esta razón, las ideas del perceptor respecto a lo que piensa o siente acerca de aquello que analiza no están integradas en las ecuaciones clásicas de la física. Se asume que es imposible que el observador pueda lle-gar a modificar el vuelo que realiza un avión por el solo hecho de observarlo, o variar la distancia de la luna permitiendo que esta se acerque y sea atrapada por el mero interés que un enamo-rado tiene en darla como regalo especial a su amada. En conclu-sión, el universo científico debe basarse en el realismo filosófi-co, pues de no ser así el orden de las cosas se modificaría en función de la voluntad del sujeto que las observa.

Los *objetos materiales* son las fracciones que constituyen el universo realista. La materia y su conformación en diversas partes recrean el mundo realista y sirven de base a su expresión científica. La materia asume siempre el rol de presentarse con-formando entidades independientes. Parece sumamente lógico asumir que una pared no se relaciona con un libro colocado en un estante; ambos, tanto pared como libro, gozan de atributos independientes y de una existencia propia. La física clásica de-nota como lógico el comportamiento de la materia y la convier-te en elemento esencial de sus disquisiciones; por ello, la física clásica estudia y analiza elementos completamente medibles. La materia y su manifestación en las diferentes gradaciones po-sibles tiene esta condición de independencia tan importante en-tre cada uno de sus constituyentes. Dicha independencia entre cada una de las partes materiales se asume tan evidente que se convierte en una verdad que no requiere explicación alguna, es decir, asume la condición de axioma.

Este postulado realista que tan claro es para la física clásica no se aplica con igual claridad para la física cuántica. Para esta, la presencia del sujeto no puede aislarse del entorno en el que él está midiendo. Al parecer, el sujeto mismo modifica un experimento debido a la intervención de su propia presencia. Esta extraña condición de relación que es propia del «idealismo filosófico» es inentendible aún, pues no existe ecuación alguna que en la medición de un experimento introduzca al sujeto como parte integrante. La cuántica reconoce que el observador es parte integrante de lo medible y es capaz de modificar los resultados finales con la sola presencia y discrecionalidad de su voluntad. Esta es tal vez una de las diferencias más marcadas entre la física cuántica y la física clásica. Desde la perspectiva del Advaîta, los enunciados de la física cuántica son tan congruentes como los de la clásica. El Advaîta esgrime en sus formulaciones esenciales tanto el realismo como el idealismo filosófico que plantea Occidente, pero está mucho más cercano en su metafísica a las conclusiones y al modelo de realidad que ofrece la física cuántica, tal como lo veremos en detalle más adelante.

Como decíamos anteriormente, la naturaleza realista de los objetos es imprescindible en el modelo cientificista clásico, pues permite a cada objeto existir independientemente de los demás e incluso independiente del sujeto mismo que lo conoce. La fuerza de la gravedad es independiente de la temperatura y esta del movimiento del viento o de la sangre que circula en un cuerpo humano. El universo está compuesto, entonces, por infinitas partículas que se articulan como rompecabezas las unas con las otras. El modelo científico busca explicar las leyes que conforman la intersección de las diversas partes de un sistema y denotan la razón y orden de su funcionamiento. La razón de ser de todo científico es encontrar las leyes que determinan las condiciones de un sistema cualquiera que observa, con el fin de poder predecir sus condiciones futuras. Es lo que la ciencia, en resumen, busca tan intensamente: predecir acontecimientos.

La ciencia requiere predecir cuánto resiste un material al impulso sostenido de una fuerza para, de esta manera, poder diseñar máquinas y todo tipo de artilugios mecánicos y electrónicos. De igual manera, la predicción de eventos determina la posibilidad de localizar en tiempos futuros eclipses y movimientos variados en las grandes estructuras másicas del cosmos. Todo se conjuga finalmente en predecir acontecimientos.

2. *La velocidad de cualquier sistema material no podrá jamás superar a la de la luz. La velocidad de la luz es constante en cualquier sistema inercial de referencia.*

La condición de límite a la velocidad de la luz es determinada por las ecuaciones relativistas de Einstein. La velocidad de la luz es el límite máximo que los organismos materiales pueden adquirir. Podríamos diseñar motores tan potentes que pudieran acelerar constantemente algún cohete y aumentar cada vez más su velocidad; sin embargo, a medida que la velocidad aumenta, su masa también lo hace. Al final, ningún combustible podría llevar a que el cohete sobrepase la velocidad de la luz, pues la masa inercial sería tan alta que llegaría casi al infinito.

La física cuántica reporta contradicciones respecto a este axioma. Hay experimentos que advierten la posibilidad de que la información entre partículas subatómicas pueda trasladarse de forma instantánea. Esta circunstancia de que la información pueda viajar y ser reconocida por partículas subatómicas a una velocidad mayor que la de la luz es aún inentendible, y conforma otra razón más para diferenciar nuevamente la física cuántica de la clásica. Para esta, ni aun el pensamiento puede viajar a mayor velocidad, pues no es más que el resultado de intrincados cruces electromagnéticos que tienen como sustento el sistema nervioso central.

Einstein, al igual que sus colaboradores, afirmaba que los supuestos de la física cuántica eran erróneos cuando esta planteaba que la información parecía trasladarse entre partículas subatómicas de forma instantánea más allá de la velocidad de la luz. Tampoco estaba de acuerdo con la imposibilidad teórica de medir con certeza y de forma simultánea las diversas variables de un sistema, como masa, velocidad o tiempo, imposibilidad que la física cuántica postulaba a través de la exposición del principio de incertidumbre de Heisenberg. Para obviar dichas afirmaciones de la cuántica, resumidas en la posibilidad de que la información entre sistemas viaje a mayor velocidad que la de la luz y que no es posible medir simultáneamente el conjunto de variables que componen un sistema, Einstein y dos de sus colaboradores ingeniaron lo que sería la famosa paradoja EPR[4], que finalmente, después de algunos años, se fue a pique. La evidencia de los contradictores de la paradoja EPR determinó que, efectivamente, las partículas subatómicas están ensambladas espacialmente bajo una condición de simultaneidad temporal. La física cuántica nuevamente tenía razón: al parecer el mundo macroscópico no funciona como el microscópico, aunque nuestra razón no alcance a entender una realidad tal cual la física cuántica plantea matemáticamente.

3. *Las conclusiones de cualquier experimento realizado deben ser similares, siempre y cuando los protocolos para su realización sean los mismos; es decir, todo experimento realizado con iguales variables debe proveer similares resultados,*

---

[4] La idea de Einstein era obviar la incertidumbre que produce el intentar hacer mediciones precisas de forma simultánea sobre las diferentes variables en un experimento cualquiera en el mundo atómico. Según el principio de incertidumbre de Heisenberg, es imposible hacer mediciones simultáneas de las variables que conforman una partícula cualquiera. Einstein, que jamás creyó en la física cuántica, asumía que sus ecuaciones eran solamente un juego matemático sin sentido de realidad alguno. Planteó un experimento en el cual una partícula subatómica era escindida y cada una de sus dos partes tomaba direcciones opuestas. Para la física cuántica, en oposición a Einstein, la posterior medición de algunas de sus propiedades físicas, como el *spin*, implicaba que las partículas mantenían, aun después de separarse, una vinculación tal que les permitía comunicarse información a una velocidad mayor que la de la luz.

sin importar el lugar geográfico o la condición física en que se realicen.

La ciencia ha de sustentarse necesariamente en el rigor del método científico, es decir, en una serie de protocolos que lleve a los experimentos realizados al logro de conclusiones similares mientras se apliquen variables idénticas de análisis. Es necesario, desde la perspectiva cientificista, tener un acuerdo mínimo respecto a cómo describimos el mundo. Sería imposible encontrar leyes naturales que cobijen completamente nuestra experiencia y formularlas de forma sistemática sin que sus conclusiones sean comunes.

La ciencia occidental y la interpretación de las leyes que gobiernan los cuerpos que cotidianamente percibimos a través de nuestros sentidos se basan fundamentalmente en estos tres principios inamovibles. Toda conclusión asociada al estudio de la naturaleza y de sus leyes que no forme parte de este protocolo es desechada como mecanismo no científico y sus conclusiones finales no son aceptadas como válidas.

Sin embargo, el universo conceptual de la física cuántica fractura muchas de las verdades que *a priori* parecen ciertas a nuestra interpretación mental de la realidad, planteadas por la física clásica. Realmente, la forma en que la cuántica interpreta el mundo es más cercana a la óptica de la filosofía Vedanta. Hay una profunda divergencia entre la forma de interpretar la realidad entre la física clásica y la física cuántica, pero existe, a su vez, una extraña y marcada cercanía entre las interpretaciones de la cuántica y del Advaîta.

BASES DEL VEDANTA ADVAÎTA

El Advaîta posee un solo y exclusivo axioma. Dicho axioma prevalece sobre cualquier otra idea o consideración y deriva, finalmente, en una serie de conceptos que, compaginándose entre ellos, permiten crear un modelo de realidad profundamente interesante. Desde este modelo metafísico se desencadenan desarrollos que pueden llegar a ser muy cercanos a las interpretaciones que enuncia la física cuántica. La descripción que hace el Advaîta de su modelo tiene las limitaciones que implican el desconocimiento de sus postulados. Por ello, a lo largo de todo el presente texto iremos desarrollando paso a paso las implicaciones que este único axioma presenta en variados niveles.

El universo, ya sea material o ideal, es tan solo una expresión aparentemente diferenciada de la Conciencia No-dual[5]. La Conciencia No-dual es lo Real.

La No-dualidad es la idea cumbre de la metafísica oriental, y su expresión práctica es una forma específica de cognición del mundo. Dicha forma específica de cognición no es más que el saber originado en los Estados de Conciencia denominados Concentración No-dual[6] y Meditación[7]. Cuando un observador cualquiera percibe el mundo a través de la No-dualidad, la consciencia del perceptor se difunde en la totalidad de los objetos conocidos, haciendo que no se plantee una diferencia entre conocedor y conocido.

La No-dualidad *no es* una categoría especial de realidad; tampoco tiene que ver con la percepción de un objeto situado en algún lugar espacial o temporal ni con la cognición de algún·

---

[5] Las múltiples consideraciones que se desprenden del término «Conciencia No-dual» pueden ser estudiadas con minuciosidad en el libro *Los Campos de Cognición*, Sesha (www.vedantaadvaita.com).

[6] En sánscrito, *dharana*, que corresponde al cuarto posible Estado de Conciencia que un ser humano puede establecer al relacionarse con los objetos que conoce.

[7] En sánscrito, *dhyana*, que corresponde al quinto y último posible Estado de Conciencia que un ser humano puede establecer al relacionarse con los objetos que conoce.

objeto secreto o sagrado. La No-dualidad es el atributo práctico de la actividad cognitiva de los estados de Concentración No-dual y Meditación, y sirve como base y sostén de la percepción de lo manifiesto visto como un todo. Normalmente, cuando un lector lee un libro interesante, y espero que este lo sea, tiene dos opciones: desde una de ellas, puede localizar el texto a la distancia y certificar que él, como lector, se encuentra a cierta distancia del libro. En esta primera opción, existen observador y observado. Si nos preguntamos quién lee, la respuesta, si ese lector es cualquiera de nosotros, es clara: «yo». Pero existe una segunda opción respecto a la lectura del libro, y esta tiene que ver con el momento en que nos encontramos muy atentos al libro, situación a la que coloquialmente llamamos «estar concentrados». Cuando esto ocurre, cuando estamos absortos en la lectura, jamás se da la pregunta «¿Dónde está el lector?», razón por la cual, mientras se encuentra concentrado, podemos afirmar que el lector no se encuentra en ningún lugar. Estas dos opciones, estar como un *yo diferenciado* del libro y estar con el *yo en ningún lugar*, son formas específicas de percepción que acontecen en Estados de Conciencia a los que el Vedanta denota como estados de Vigilia pensante y sintiente y Concentración[8], respectivamente.

Existe una tercera forma de relación entre conocedor y conocido. Esta acontece cuando el «yo» está *diluido en todo el campo de percepción*. En tal caso, el perceptor no se diferencia de lo que conoce; su naturaleza coincide esencialmente con los objetos conocidos, pues permanece uniformemente distribuido en ellos. A esta peculiar forma de percepción la denominamos «No-dualidad» ya que, aunque existe reconocimiento de ser conocedor y de advertir lo conocido, quien actúa como conocedor no se asume diferente de lo que conoce.

---

[8] Correspondientes al segundo y tercer Estados de Conciencia. Junto con el estado de Sueño y los de Concentración No-dual y Meditación, conforman los cinco Estados de Conciencia que cualquier ser humano puede advertir.

Respecto al término «Conciencia» también existe una inmensa diferencia entre la descripción oriental y la occidental. Para Occidente, la Conciencia tiene que ver con el brillo intelectivo o con el acto presencial donde se desarrolla el conocimiento. En verdad, no existe una única definición académica de Conciencia. Para el Vedanta la Conciencia, además de resumir todas las cualidades del rol occidental, asume varias muy interesantes. Una de las nuevas acepciones de Conciencia es la de ser la *sustancia* de todo lo existente; otra, por extensión de esta primera definición, es la de proveer *simultáneamente* un saber y un saber que sabe.

La Conciencia como sustancia de todo lo existente

Cuando el mundo o cualquiera de sus objetos se experimentan desde el Estado de Conciencia denominado Meditación, se advierte que la sustancia que compone la materia es Conciencia y, además, se reconoce que dicha materia es tan solo una modificación de la Conciencia misma.

La Conciencia posee una cualidad sustancial que no se le otorga en Occidente. Para Occidente la Conciencia es tan solo una idea, una abstracción sutil e interesante que produce cognición y saber. Sin embargo, para el Advaîta la Conciencia es un organismo vivo, completamente vital, cuya esencialidad es el conocimiento del Ser.

En el estado de Meditación, cuando se percibe el mundo circundante externo o el mundo interno, emerge la comprensión de que todo lo existente es un continuo de Conciencia. Dicha comprensión es tan clara como la presunción de brillo que es intrínseca al fuego o como la contundente sensación personal de existir. Desde esta óptica meditativa, el universo es la suma de eventos originados en el inmenso caleidoscopio de la Conciencia. Esta afirmación puede carecer de sentido para la mayoría de los lectores, pero es tan fiel al estado de Meditación como lo es la existencia del papel en forma de libro que atrapa ahora mismo en sus manos. Desde cualquier otro Estado de Conciencia el universo converge en otro orden, donde la Conciencia asume un rol diferente. Finalmente, en los mundos duales, donde sujeto y objeto se estiman diferenciados, la Conciencia adopta la condición de ser tan solo una idea abstracta, que intenta darle corporeidad al acto del saber en que incurre la mente de un perceptor cualquiera.

Para la física clásica, la energía sustenta y conforma todos los objetos materiales; la materia no es más que la manifestación de diversas modalidades de energía. Para el Advaîta, la Conciencia sostiene todos los objetos materiales e ideales del universo, y es finalmente la sustancia que compone los diversos eventos existentes. Así, entonces, el universo entero, como todo lo que se manifestará y lo que ha existido, puede expresarse como una modificación sustancial de la Conciencia misma.

La Conciencia como simultaneidad

La filosofía occidental se encuentra actualmente en una situación sin salida respecto a la naturaleza de realidad que puede otorgar a los objetos que constituyen el mundo. Por un lado advierte la existencia de los objetos reales[9], es decir, los objetos que existen independientemente de quien los observa. Algunos científicos que conozco esgrimen la certidumbre de la interpretación realista aduciendo que los dinosaurios son la prueba fehaciente de dicho argumento, pues existieron sin humanos que los conocieran. Dicho argumento es francamente pobre, pues define el término Conciencia desde una perspectiva bastante

---

[9] El realismo filosófico ya ha sido explicado en el epígrafe «Bases de la física clásica» del presente capítulo. El realismo filosófico, como escuela de pensamiento filosófico, nace en la antigua Grecia de manos de Aristóteles.

primaria. Pero, además, la filosofía occidental estipula una segunda interpretación filosófica denominada idealismo[10], la cual otorga necesariamente un vínculo entre el universo conocido y quien lo conoce. La expresión misma del universo en sus diversas categorías es un atributo que se relaciona con la mente del observador, razón por la cual el universo no es independiente de quien lo observa.

El Advaîta no niega la existencia de objetos materiales reales y de objetos mentales ideales, tan solo advierte de que el universo y su sustancia constitutiva, más allá de dicha clasificación material e ideal, es un continuo No-dual. Al igual que para la física cuántica existe la simultaneidad de onda-partícula, como atributo de la manifestación de la energía[11], asimismo el término No-dualidad induce la libertad de que los objetos percibidos son *simultáneamente* reales-ideales; esto es, poseen intrínsecamente la dualidad real-ideal como base esencial de su naturaleza.

Desde la perspectiva No-dual no existen objetos excluyentes duales reales o ideales. Así, los objetos *parecen* ser reales o *parecen* ser ideales desde la peculiar forma en que los advierte el sujeto, al igual que un fotón puede adoptar su expresión energética como onda o manifestarse como partícula, dependiendo de la manera en que se midan cualquiera de sus propiedades físicas al realizar un experimento.

Según el Advaîta, el universo está compuesto de eventos que *aparentemente* se diferencian como materiales e ideales, pero que desde la realidad No-dual se advierten como *simultáneamente* materiales-ideales. Sin embargo, todo evento existente cobra, a la luz de la interpretación mental, la exclusiva con-

---

[10] El idealismo filosófico también ha sido explicado en el epígrafe «Bases del Vedanta Advaîta» del presente capítulo. El idealismo filosófico, como escuela de pensamiento filosófico, nace en la antigua Grecia de manos de Platón.

[11] Mientras que la física considera a un corpúsculo como un puñado de energía envasado, se considera de igual manera a las ondas como soporte de transporte de dicha energía. La materia es energía, la onda la transporta.

dición material o ideal dependiendo de la forma de cognición que se establezca en el momento de ser conocido[12]. Desde esta perspectiva oriental, no importa ni es imprescindible afirmar que un objeto sea excluyentemente materia o idea, pues dicha clasificación depende del Estado de Conciencia donde se determine la percepción. Finalmente, hay cinco posibles estados de percepción en los que se puede ver envuelto un objeto, tal como existen, por ejemplo, tres estados físicos en los que se presenta el agua: sólido, líquido y gaseoso.

Introduciremos un término que nos permitirá manejar con mayor soltura la extraña condición de simultaneidad que promueve el Vedanta respecto a los objetos materiales-ideales; dicho término se denomina *información*. Ahora podemos ir mucho más lejos en la definición de qué es lo real, afirmando que los contenidos del mundo son simplemente información, que aparece en forma material o ideal. El Vedanta plantea un novedoso e inteligente enunciado al afirmar que la realidad puede asumirse como información cuya *esencialidad* es la capacidad de ser conocida; es decir, la información es tan solo Conciencia; la información es la *sustancia* de la Conciencia. Los eventos, esto es, los campos de información que componen realidades materiales o ideales, poseen la virtud esencial de ser no-diferenciados, pero dependiendo de la *introducción* de un agente individual en la percepción, de un observador, dicha percepción, es decir, la del campo de información establecido, parece ser diferenciada, ya sea en forma ideal o material.

La no-diferencia es un atributo natural de la Conciencia. La Conciencia, en esencia, es solo información que se conoce y

---

[12] Existen cinco diversas formas de cognición o, dicho de otra manera, existen, a decir del Vedanta, cinco Estados de Conciencia permitidos a la experiencia cognitiva humana, a través de los cuales es posible conocer los objetos ideales o materiales. Normalmente Occidente avala la existencia de tan solo dos: vigilia y sueño. El sistema Vedanta esgrime la existencia adicional de otros tres estados de cognición: Concentración, Concentración No-dual y Meditación.

que conoce. La Conciencia se redefine como un *continuo No-dual* que sabe y sabe que sabe, e interconecta el universo de información a tal punto que dicho universo es tan solo Conciencia, fuerza de saber, de saber que sabe.

En conclusión: aunque el universo puede asumir la opción de experimentarse como suma de entes diferenciados materiales e ideales, tal como lo plantea Occidente, el Advaîta ofrece una nueva opción de interpretación de la realidad que integra esta previa visión y alienta otra nueva: la inclusión de la información como un continuo No-dual. Para el Advaîta existe una representación más estable de la realidad; esta ocurre cuando simultáneamente objetos ideales y materiales asumen un rol cognitivo No-dual. El Vedanta Advaîta es un sistema filosófico y esencialmente metafísico con tentáculos en lo concreto y empírico, de manera que no solo es un discurso teórico, sino que posee la opción de que sus conclusiones sean comprobadas empíricamente, tal como lo veremos más adelante.

La No-dualidad, idea elevada por excelencia, posee inmejorables condiciones para adentrarnos en los terrenos de las abstracciones más complejas que propone Occidente en sus planteamientos científicos y, curiosamente, también sirve de base al entendimiento de las acciones más simples y cotidianas que el ser humano realiza a diario. La No-dualidad es un formidable puente entre lo subjetivo y lo objetivo, entre lo real y lo ideal, entre lo infinito y lo finito, entre Occidente y Oriente.

CAPÍTULO 2

Breve historia
de la física cuántica

A nalizaremos inicialmente, y de forma sencilla, algunos conceptos que tienen que ver con la descripción de la física cuántica. Describiremos el mundo subatómico en forma de ondas y de partículas; posteriormente pasaremos a realizar varias comparaciones respecto a las conclusiones del mundo cuántico y los terrenos mismos del Vedanta.

Evidentemente, el comportamiento cuántico va más allá de la lógica con la que solemos interpretar el mundo macroscópico; por ello, es importante analizar algunos elementos de forma sucinta. Esto nos ayudará a vislumbrar las importantes correlaciones entre filosofía y ciencia.

LA LUZ VISTA COMO PARTÍCULAS

En nuestro mundo macroscópico los objetos son contundentemente objetos. Claramente hablamos de la diferencia entre un ladrillo y una ventana. Incluso podemos estudiar cada uno de ellos como sistema aislado y encontrar las propiedades físicas y químicas que explican su comportamiento. De igual manera, desde los planetas hasta los grandes soles pueden des-

cribirse como sistemas aislados, y es posible establecer sin
duda alguna sus propiedades físicas, al igual que para cualquiera de sus fracciones.

Fue Isaac Newton quien, en el siglo XVII, estableció que la
luz debía interpretarse como un flujo ininterrumpido de partículas, tal como bolas de billar, pero a nivel microscópico. Su re-
putación estaba en tan alta estima que dicha interpretación de la
naturaleza de la luz tuvo mucha aceptación, aunque también
bastantes contradictores. En esencia, Newton planteó que la luz
debía comportarse como pequeños corpúsculos, uno tras otro,
que se movían en diferentes direcciones y siempre en línea recta, y dichas propiedades de la luz permitían explicar sus fundamentales avances y descubrimientos en el campo de la óptica.

La luz vista como ondas

Fue en el siglo XIX cuando Thomas Young lideró, junto con
algunos contemporáneos, los trabajos empíricos que llevaron a
descubrir que la luz, en lugar de comportarse como una partícula, lo hacía verdaderamente como una onda. Para ello estableció un interesante y sencillo experimento conocido como «experimento de la doble rendija», gracias al cual es posible sin
lugar a dudas determinar las propiedades ondulatorias de la luz.

Es importante señalar que, mientras se considera que la
energía está confinada a una partícula, como es el caso de los
corpúsculos de luz, las ondas en cambio son el medio para el
transporte de la energía. Un corpúsculo de luz lleva en su propia dimensionalidad espacial el conjunto de toda su energía, tal
como una bola de billar al ser lanzada guarda en sus límites
espaciales esféricos la energía que adquiere para posteriormente ser liberada al chocar contra otra bola de billar. En cambio,
las ondas no poseen una descripción espacial definida con bor-
des establecidos, sino que se comportan como un continuo que

transporta la energía. Como se ha dicho, una partícula es energía condensada; en cambio, una onda transporta la energía.

Era importante para los físicos de la época de Young, hasta el advenimiento de la física cuántica, indagar en el carácter de la luz y determinar si se mostraba como onda o como partícula; el comportamiento de la luz era uno de los aspectos fundamentales a entender. Con los experimentos de Young, el mundo académico tomó partido a su favor y adoptó genéricamente la idea que presentaba a la luz como una onda, en contraposición al comportamiento como partícula que hasta la fecha planteaban los seguidores de Newton.

La evidencia de los diagramas de interferencia que las ondas producen en virtud de su naturaleza intrínseca llevó a probar que, evidentemente, la luz poseía una propiedad ondulatoria. Solamente las propiedades ondulatorias permiten crear zonas de interferencia cuando trenes de ondas chocan unos con otros. En el caso de la luz es posible determinar, gracias al fenómeno de la interferencia, cómo sobre una pared emergen regiones de luz seguidas por regiones de sombra, zonas donde se suma la energía lumínica y otras donde se resta, dando lugar a franjas claras y oscuras seguidas.

La luz vista como partícula y como onda

Fue Max Planck quien, muy a comienzos del siglo XX, estableció un nuevo paradigma respecto a la energía y abrió un nuevo sendero para explicar el comportamiento de la luz. Planck tuvo la soberbia idea de asumir que la energía se expresa *exclusivamente* de manera discreta o fraccionada en «cuantos», múltiplos de un coeficiente denominado «constante de Planck»[13]. La novedad de

---

[13] Planck planteó que la energía solo se expresa en múltiplos de una constante, es decir, no existen en la naturaleza expresiones continuas de energía, sino que

plantear un universo con energía cuantizada, que limitaba a la naturaleza a expresarse de forma fraccionada, no gustó mucho inicialmente a la comunidad científica, pero ofrecía la ventaja de clarificar el problema del análisis del cuerpo negro[14], no solucionado hasta entonces, y denominado por los físicos en aquella época como «la catástrofe ultravioleta».

Entonces llegó a la arena de la discusión científica el aporte de Albert Einstein. La solución al problema del «efecto fotoeléctrico»[15] le llevó finalmente al Premio Nobel que nunca le fue concedido por su obra suma: la Teoría General de la Relatividad. Einstein dio respuesta al problema propuesto siempre y cuando se aceptara que la energía asume la condición de partícula, y no de onda. Era ya claro, desde hacía casi cien años y gracias a los trabajos de Young, que la luz, debido al efecto de

---

debe entenderse que la naturaleza discrimina qué tipos de energías pueden existir y cuáles no.

$E = hf$

Donde E es la energía del fotón, h es la constante de Planck y f es la frecuencia de la luz.

[14] El análisis del «cuerpo negro» fue, en su momento, una de las cuestiones teóricas más complejas y difíciles de solucionar en la física. Tenía que ver, específicamente, con el calentamiento de un recipiente cuyas paredes interiores se habían pintado de color negro. Al ser calentado dicho recipiente, era posible determinar rangos de dispersión de radiación en forma de calor. Sin embargo, se asumía que la irradiación del cuerpo negro debía teóricamente realizarse en infinitos espectros de onda, razón por la cual la sumatoria final de energía emitida debía ser infinita. Se propusieron diversos modelos empíricos que dieran razón al comportamiento de la radiación en longitudes de alta frecuencia, pero las estadísticas no coincidían cuando se referían a las frecuencias ultravioleta, razón por la cual se hablaba en su momento del problema de «la catástrofe ultravioleta».

[15] El «efecto fotoeléctrico» es un experimento realizado sobre una fina lámina de plata en la que incide luz monocromática. Lo extraño del asunto es que, cuando incide sobre la lámina metálica luz blanca, no se advierte emisión superficial de electrones, pero cuando incide luz ultravioleta, los electrones salen despedidos de la superficie. Según la teoría de Einstein, los corpúsculos ultravioleta poseen mayor energía que los fotones lumínicos debido a la mayor frecuencia de onda que poseen. Dichos fotones de alta energía son capaces entonces de chocar contra la lámina y arrastrar los electrones.

la interferencia, asumía un comportamiento nítidamente ondulatorio. Solamente el genio de Einstein pudo inspirar una idea
tan contraria a la común; había, entonces, dos conclusiones
completamente opuestas y ambas absolutamente válidas: la luz
se comporta como onda y, a la vez, como corpúsculo.

LAS ONDAS DE MATERIA

La confusión reinaba entre los físicos. Las consideraciones,
tanto de Young como de Einstein, eran irrefutables. El carácter
ambivalente de la luz provocaba estupefacción, pues no existía
un precedente empírico que denotara en la naturaleza dos actividades simultáneas. Los seres humanos tenemos claro que un
objeto es él y no otro, y que sus cualidades son claramente determinadas y no cambian sin razón alguna. La condición onda-corpúsculo de las partículas subatómicas era francamente
extraña. ¿Cómo la energía contenida en los fotones de luz puede tener caracteres tan completamente opuestos, presentándose
como corpúsculo y, bajo el siguiente experimento, como onda?

Si antes no había claridad respecto al carácter dual de la luz,
entonces las nuevas ideas de Louis de Broglie provocaron el
zarpazo final: Broglie insinuó en su tesis doctoral que todos los
objetos materiales, sin distingo alguno, debían poseer un comportamiento ondulatorio[16].

Tanto las partículas subatómicas como las macroscópicas
poseen una onda asociada a la materia que las constituye. Simplemente en los objetos mayores dicha presencia ondular se
hace inoperante debido a las mínimas velocidades que adquie-

---

[16] Broglie estimó que la materia debía tener asociada una longitud de onda
propia dada por: $\lambda = h/p$.

Donde λ es la longitud de onda asociada a la materia, h es la constante de Planck
y p es la cantidad de movimiento (masa por velocidad) de la partícula.

ren, ya sea como una bala o un cohete. Por el contrario, en el mundo cuántico, debido a las masas mínimas y las inmensas velocidades que las partículas subatómicas adquieren, la onda asociada a la materia se hace evidente.

Para aquel momento, a comienzos del siglo pasado, el dilema ya no era solo saber si la luz se comportaba como onda o como partícula; ahora, para mayor confusión, un objeto material cualquiera debía de llevar incorporada una onda asociada por el simple hecho de poseer masa.

SIMULTANEIDAD ONDA-PARTÍCULA

Bajo este nuevo planteamiento de la física, se constataba que la luz tenía la simultánea condición de onda y partícula y, además, se advertía la aparición de las ondas asociadas a los objetos materiales. Los científicos continuaron el estudio del comportamiento de la luz aprovechando la nueva tecnología que nacía de forma vertiginosa; ya era posible usar electrones acelerados por campos magnéticos, hacerlos pasar a través de dos rendijas y llevarlos a incidir sobre una superficie de fósforo que produjese un destello de luz cada vez que chocaba con ella un electrón.

Los experimentos dedujeron que el flujo de electrones, al pasar por ambas rendijas, producía interferencia sobre la superficie de fósforo. Para obviar este dilema se planteó entonces disparar electrón por electrón, para evitar la interferencia entre ellos. Cuál fue la sorpresa al notar que, aunque salían uno a uno y espaciadamente, las partículas materiales, es decir, los electrones, finalmente y al contabilizar gran cantidad de ellos, provocaban en la superficie de fósforo un tren de interferencia similar a como si fueran un flujo de electrones simultáneos. ¡Pero ¿cómo podía un electrón solitario interferir si no era consigo mismo?! Nadie jamás había visto y menos aún imaginado a un electrón fraccionarse en dos para interferir consigo mismo. Los científicos notaban que la naturaleza, en este caso los electrones, parecía burlarse de su curiosidad investigativa. Plantearon colocar sondas que permitieran detectar cada electrón en su paso por cualquiera de las dos rendijas. Aun así, cuando el experimento se repetía bajo esta nueva logística, la suma final de electrones *no* producía sobre la pantalla un tren de interferencia; al parecer, al colocar las sondas de localización de paso de electrones, estas hacen que la luz se comporte como suma de partículas, esto es, asume un nuevo rol que evita la interferencia. Si desconectamos las sondas, entonces la luz asume un rol ondulatorio y nuevamente aparece el tren de interferencia sobre la pantalla de fósforo; al conectar nuevamente la sonda que detecta el paso de los electrones por las rendijas, la luz adopta un rol corpuscular. ¿Cómo saben los electrones que los estamos observando?

He ahí la sorpresa: las partículas subatómicas detectan el interés del investigador por saber sobre qué rendija pasa uno u otro electrón. Cuando las sondas se desconectan, los electrones saben también que no hay interés por parte del observador en situar una u otra posición de su trayectoria respecto a las rendijas. ¡Los electrones no solamente saben qué piensa el investigador, y asumen un rol de partícula u onda según haya interés o no por parte de él, sino que reaccionan creando una franca relación entre ellos y su investigador! Es decir, las partículas subatómicas no son independientes de quien intenta conocerlas; existe un encadenamiento «idealista» entre ambos. Los electrones no actúan como partículas independientes del observador que las escruta, según los axiomas «realistas» que sirven como protocolo esencial a la física, sino que reaccionan al unísono según la voluntad de este.

La comunidad científica aceptó con reticencia esta situación, dado que las partículas subatómicas poseen un rango de reacción y una naturaleza que difiere de lo conocido, pero, pese a todo, esta aparente aberración del comportamiento de las partículas tuvo consecuencias inmensas, pues llevó al nacimiento de una nueva interpretación de la realidad microscópica a la que se denominó «mecánica cuántica». Lo cierto es que este comportamiento aparentemente absurdo de las partículas subatómicas lleva, incluso, no solamente a mostrar el carácter simultáneo de la cualidad onda-partícula, sino que abre las puertas a preguntarse si la misma medición de un evento cuántico es capaz de modificar sus resultados finales.

En definitiva, aseverar, en contra del axioma en el que se funda la ciencia, que los elementos cuánticos no actúan como objetos *reales*, es decir, como objetos que existen por sí mismos y son independientes del observador que los estudia, convierte a la nueva ciencia cuántica en un contrasentido respecto a la forma común de ver la vida. Aceptar que una partícula cuántica posee las dos características simultáneas de energía como onda y partícula supone el advenimiento de una nueva forma de pensar y analizar el mundo, en la que ya puede aceptarse un modelo de realidad más allá del mecanismo netamente racional y aparentemente lógico.

EL PRINCIPIO DE INDETERMINACIÓN

El fraccionamiento de la energía establecido por Planck dio paso a una nueva reinterpretación del mundo cuántico. Una de ellas, y tal vez la más interesante, es la establecida por Werner Heisenberg a través de su «principio de indeterminación», también denominado «principio de incertidumbre». Heisenberg estimó que las mediciones del mundo cuántico no pueden establecerse con la misma facilidad que las realizadas en los mundos macroscópicos. Existe, de base, una limitación que la naturaleza misma produce para poder detectar con claridad las condiciones físicas de un sistema subatómico.

El hecho de que las partículas cuánticas posean una energía mínima hace que cualquier intento de medición que se realice sobre el sistema modifique sus resultados. Para medir la partícula necesitamos iluminarla con fotones, pero dichos fotones de medición, al chocar con la partícula cuántica, la modifican y, por ende, alteran la medición misma. En el mundo macroscópico es posible que un radar emita ondas electromagnéticas que, al difundirse por el espacio y chocar contra un avión, vuelvan y sean nuevamente detectadas. Dichas ondas para nada modificarán la trayectoria del avión, pues la masa en concurso puede llegar fácilmente a doscientas toneladas. El mundo cuántico se define en función de energías tan bajas que, para medir con precisión, requerimos iluminarlo con fotones de alta frecuencia. Dichos fotones, caracterizados por su alta energía, al chocar con el sistema cuántico lo modifican, impidiendo determinar a un mismo tiempo las diversas variables físicas del sistema de una manera precisa.

Por lo tanto, existe una indeterminación básica en la medición[17] que impide a ciencia cierta establecer las características puntuales que acontecen en un sistema cuántico. Al parecer, la naturaleza no permite definir los objetos subatómicos ni sus características físicas, como sí ocurre con los objetos y sistemas macroscópicos.

La indeterminación nos arroja a una realidad en la que siempre desconoceremos los atributos de lo conocido. Los eventos son la suma de los atributos que los constituyen, pero, según el

---

[17] El principio de incertidumbre, o de indeterminación, plantea la dificultad que se presenta en la medición del mundo cuántico, y la imposibilidad de encontrar en un momento específico todas las variables físicas que adopta un sistema, tales como velocidad, posición, tiempo y energía.

$$h = (\Delta x)\,(\Delta p)$$

Donde h es la constante de Planck;
Δx es la indeterminación en la posición;
Δp es la indeterminación en el movimiento (momento angular).

principio de indeterminación, nos es imposible determinar las variables totales físicas en un lugar específico o en un tiempo determinado de un sistema cuántico. ¿En qué tiempo, pasado, presente o futuro, se encuentra una partícula cuántica antes de que el principio de indeterminación permita detectar su condición dimensional temporal? El principio de indeterminación nos lleva a la construcción teórica de que una partícula subatómica puede estar en el futuro o en el pasado antes de detectarse; incluso puede estar en todos los lugares del universo antes de que la naturaleza advierta su presencia en un lugar cualquiera.

Por más que la ciencia intente describir detalladamente el mundo que le rodea e intente encontrar las causas primigenias de su existencia, la naturaleza le recordará que es imposible determinar las condiciones físicas completas de un sistema cuántico. Podemos entonces verificar que el mundo subatómico actúa y se interrelaciona conformando átomos y moléculas, pero en esencia siempre desconoceremos las condiciones iniciales de cualquier sistema cuántico y, por extensión, de todo aquello que se conforma por asociación entre sistemas cuánticos.

UN UNIVERSO DE PROBABILIDADES

La suma de aportaciones de los grandes científicos del siglo pasado llevó a establecer un nuevo paradigma con el nacimiento de la mecánica cuántica. Planck determinó la naturaleza cuántica de la energía; Einstein afianzó el fundamento corpuscular de la luz que Young había determinado previamente como ondulatoria; Broglie hizo el inmenso aporte de las ondas de materia y Heisenberg estableció un modelo subatómico en cuyo sistema era imposible determinar con exactitud y simultáneamente las variables físicas que lo componen.

Los científicos, ya a mediados del siglo pasado, habían aceptado la dualidad onda-partícula de la materia. Grandes avances en electrónica y superconductores eran posibles gracias al conocimiento de las partículas cuánticas. Sin embargo, el mundo cuántico no era «algo» determinado y consistente, sino un amasijo de propiedades extrañas que esencialmente no se entendían claramente. Fue entonces cuando el genial físico Niels Böhr asumió el trabajo de dar una interpretación a la naciente mecánica cuántica y al conjunto de sus ecuaciones.

Para Böhr, las partículas cuánticas pueden permanecer en dos o más estados cuánticos de energía simultáneamente, al igual que pueden mantener simultáneamente el estado de onda y el de partícula. A dicha condición se la denomina «probabilidad». Las partículas cuánticas no poseen una sola condición energética, sino que sus probabilidades de energía se superponen unas a las otras. En un momento dado, y antes de definir cualquiera de sus probabilidades de existencia en un tiempo y espacio específico, una partícula subatómica goza simultáneamente de todas las potencialidades de energía asociadas a su naturaleza.

La interpretación del mundo cuántico como un complejo de probabilidades donde las partículas cuánticas superponen simultáneamente sus estados energéticos se hace famosa en la cumbre de Copenhague, por lo que su discurso pasa a conocerse como «la interpretación cuántica de Copenhague», según la cual, y debido a la mencionada superposición, es imposible advertir un estado energético específico antes de observar la partícula y, por lo tanto, pasa a interpretarse el mundo subatómico como una realidad netamente probabilística.

Afirmar que la cuántica es un mundo de probabilidades llevó a que Einstein afirmara que Dios no juega a los dados. Durante muchos años, tanto Böhr como Einstein se enfrascaron en un debate que, finalmente, fue solucionado en parte por el físico francés Alain Aspect en 1975. Aspect determinó, mediante complejos experimentos, que era Böhr quien tenía razón. Einstein murió antes de conocer los resultados que daban razón a su oponente.

LA ECUACIÓN DE ONDA DE SCHRÖDINGER

Uno de los más grandes adelantos de la mecánica cuántica fue la formulación de la ecuación de onda por parte del físico Erwin Schrödinger. Dicha ecuación establece la variación probabilística de energía para una partícula en una región de potencial eléctrico[18]. Lo más extraño de esta ecuación es que logra interpretar una onda probabilística como una simple ecuación de onda.

La ecuación de onda permite establecer un conducto matemático para estudiar las partículas cuánticas. Fue Böhr quien estableció la interpretación filosófica de dicha ecuación, convirtiendo el mundo de las probabilidades cuánticas en un modelo con una estructura matemática.

El planteamiento de Böhr, aunque simple, lleva a nuevas complejidades filosóficas casi insuperables: propone un modelo donde las partículas cuánticas poseen todas las probabilidades energéticas de manera simultánea, tal como el premio mayor de la lotería antes de ser ganado. Antes del sorteo, todos los compradores de dicha lotería son probabilística y simultáneamente millonarios. Empero, en el mismo momento en que se establece quién es el ganador, todas las probabilidades se colapsan en una sola, la del verdadero nuevo millonario.

Böhr propone algo inusual y nunca antes pensado: que la voluntad consciente del observador es quien colapsa la función de onda de Schrödinger y hace que las infinitas probabilidades que se encuentran superpuestas unas a otras se colapsen en una

---

[18] Se establece la ecuación general para una partícula moviéndose en dirección x, asociada a una región de potencial eléctrico V, para una energía total E, como: $E\psi = -(\hbar \, d^2\psi)/(2m \, dx2) + V\psi$.

Ψ es la amplitud de probabilidad;
$\hbar$ es la constante de Planck;
x es la dimensión de movimiento de la partícula;
V es la región de potencial eléctrico donde la partícula se encuentra.

sola. De esa manera, y gracias a la presencia del observador, la partícula cuántica adopta un estado energético único y exclusivo. Antes de dicha observación, la partícula cuántica posee todos los estados probabilísticos posibles, incluso aquellos que le permiten estar espacialmente en todos los lugares existentes y en todos los tiempos posibles: presente, pasado y futuro. Desde esta perspectiva, la realidad cuántica pasó a ser un universo de probabilidades. Todas las diversas variables de un sistema cuántico y su expresión en el tiempo son descritas perfectamente por la ecuación de Schrödinger. Sin embargo, las diversas variables físicas de un sistema cuántico se hacen simultáneamente presentes de forma superpuesta unas a otras. Cualquiera de las innumerables opciones de expresión de dichas variables físicas se hace presente a través del colapso de la función de onda, es decir, una partícula cuántica asume un rol específico cuando un observador intenta detectarla; al hacerlo, la ecuación de onda se colapsa dando pie a una conformación física determinada. Esto implica que no sabemos nada de un sistema hasta el momento mismo de medirlo y, por tanto, antes de medirlo un sistema cuántico es tan solo un océano de probabilidades matemáticas.

El gato de Schrödinger

El establecimiento de la variable *ideal*[19] en un proceso de medición físico hace que la interpretación cuántica actual otorgue profundos visos filosóficos. Hemos mencionado que la ciencia clásica acepta ciegamente que los objetos existen independientemente del perceptor que los observa, situación a la que se denomina «realismo filosófico», a diferencia del «idea-

---

[19] La inclusión ideal se refiere a la presencia del observador como parte integrante de la medición y, por lo tanto, de la relación que el sistema cuántico tiene con su intención mental de medir.

lismo filosófico», donde lo conocido depende de la consciencia del perceptor para existir. La interpretación de Copenhague liderada por Böhr, que define la ecuación de onda de Schrödinger como una suma probabilística y superpuesta de estados energéticos cuyo estado final se colapsa debido a la intervención del observador, induce necesariamente la presencia del observador como parte determinante del proceso de medición.

A consecuencia de la afirmación previa, Schrödinger escribió una interesante paradoja en la que se establece la intervención idealista y la dificultad de entender el mundo cuántico debido a su extraño comportamiento probabilístico. Para ello, ideó un ejemplo que hasta la fecha no ha podido ser explicado desde la perspectiva de la cuántica. En él establece la presencia en una caja completamente opaca de un gato, junto a una botella que contiene un veneno y un martillo. Adicionalmente existe un átomo inestable que, en caso de que se desintegre en un tiempo determinado, activará el martillo y romperá la botella de cristal, difundiendo el veneno en la caja y matando inmediatamente al gato.

A tenor de la interpretación de Copenhague, el sistema «gato, martillo, veneno y átomo» está descrito por una peculiar ecuación de onda que estimará finalmente dos opciones: «gato vivo» o «gato muerto». Sin embargo, hasta que finalmente la caja no se abra, existirán simultáneamente dos superposiciones probabilísticas: «gato vivo» y «gato muerto». ¿Cómo es posible, entonces, que exista un estado energético donde sea posible aseverar la existencia simultánea de un gato vivo y, a la vez, de un gato muerto? Mientras la partícula cuántica no se degrade, el sistema no se activará liberando el veneno, por lo que sabremos si el gato está vivo o no solamente al abrir la caja. Es bajo esta circunstancia cuando podremos finalmente notar en qué opción se colapsa la función de onda que describe la complejidad del sistema y el estado final del mismo; mientras tanto, desde la perspectiva cuántica, existen simultáneamente dos estados posibles: «gato vivo» y «gato muerto».

La paradoja EPR

Mientras la caja donde se encuentra el gato no haya sido abierta, y ante la extraña superposición de los dos estados cuánticos probabilísticos en los que se veía sumido el gato, la cuántica lo muestra como un sistema simultáneamente vivo y muerto. Algunos científicos como Einstein rechazaron la interpretación de Copenhague liderada por Böhr y mostraron su renuencia a aceptar el camino sobre el que se venía estableciendo la mecánica cuántica. Para Einstein, la interpretación cuántica era tan solo un mero juego matemático que permitía coincidencias empíricas pero que, en suma, no tenía sentido común. Para él el universo era necesariamente real y local, es decir, los objetos existen independientes de cualquier observador y las leyes de la física debían cumplirse de tal manera que ninguna información podría trasmitirse más allá de la velocidad de la luz. En contraposición a la afirmación de Einstein, Böhr aseveraba que en el universo cuántico las partículas no pueden ser reales y, a la vez, locales.

Según la interpretación de la física cuántica, si una partícula se degrada en dos fracciones y ambas viajan en direcciones contrarias, el sistema cuántico, con los estados superpuestos probabilísticos predichos por su ecuación de onda, debe mantenerse mientras no sea medido por un observador externo a él; la conservación de energía debe mantenerse siempre en el mismo sistema. Es decir, las probabilidades superpuestas de sus estados energéticos se mantienen aunque estén a millones de kilómetros de distancia. Pasado el tiempo suficiente medimos alguna propiedad física de una de las fracciones que viajan por el espacio, por ejemplo su *spin*[20], circunstancia que obligará a que la otra fracción adopte el movimiento de *spin*

---

[20] El *spin* es una propiedad de las partículas subatómicas que les permite adoptar un giro producido por su momento angular intrínseco y que no debe ser confundido con el concepto de rotación de las partículas macroscópicas.

contrario, con el fin de mantener la conservación de energía del sistema cuántico; pero dicha información de giro que adopta una de las fracciones ha de transferirse a la complementaria fracción distante de manera inmediata, incluso más rápido que la velocidad de la luz.

Evidentemente, el paso de información entre sistemas cuánticos no colapsados debe realizarse de forma inmediata, razón por la cual el concepto de universo local de Einstein no tendría validez, pues dicho traspaso de información debe realizarse más rápido que la velocidad de la luz. El debate duró muchos años y, en conclusión, como hemos comentado antes, en la década de los setenta los datos finales dieron la razón a Böhr.

CAPÍTULO 3

Breve historia del Vedanta Advaîta

L a tradición hindú nace alrededor del año 2500 a. C., cuando hordas de arios procedentes de Pamir y el desierto del Gobi emigran al valle del Indo para iniciar una nueva cultura. Al parecer, no fue una sola migración en un único tiempo; hubo, como mínimo, tres grandes migraciones que se asentaron no solamente en el valle del Indo sino también en lo que hoy en día denominamos Oriente Medio y que, posteriormente, alcanzaron Europa.

LOS ARIOS

La cultura aria conforma inicialmente en la India un entorno cultural basado en lo que actualmente denominamos como Vedismo, que a través de los siglos irá evolucionando hasta derivar en las más modernas comprensiones filosóficas y metafísicas que conformarán el Vedanta Advaîta. Este sistema constituye una de las complejidades metafísicas más ricas que existen en el portafolio filosófico de la cultura india, y aunque su esencia fue planteada desde los albores mismos de esta cultura, su desarrollo es francamente actual.

Por otra parte, tal y como se ha citado, corrientes migratorias arias se asentaron con el paso de los siglos en Europa para dar cabida a culturas de tez blanca; los persas, los antiguos griegos y la pléyade de culturas asentadas en Europa son el resultado final de incontables migraciones, luchas e intercambio cultural que aún no ha cesado. Lentamente, su filosofía fue buscando respuestas a las preguntas fundamentales que el ser humano hacía de sí mismo y del mundo.

Así, la integración de algunos conceptos metafísicos de la cultura india, junto con los grandes avances de la ciencia occidental, convierten a ambas vertientes del pensamiento ario en un universo especialmente apto para producir respuestas fundamentales en diversos terrenos del pensamiento humano.

ÉPOCA VÉDICA

Esta primera época nace aproximadamente en el año 2500 a. C. y llega hasta el 800 a. C. Se caracteriza por que los pobladores compilan su reverencia hacia las fuerzas primarias de la naturaleza. El nacimiento de los *vedas* da origen a un sinfín de himnos[21] compuestos en honor al viento, al fuego y demás elementos primordiales. Llegado el momento, y ante tantas opciones devocionales, emerge con los siglos el abierto politeísmo cultural.

Dichos himnos y oblaciones muestran en general un sentido de unidad en todas las cosas. Es *Prajapati* la deidad que encarna la vitalidad de las fuerzas que dichas oblaciones expresan. El temor reverente ante la naturaleza y la expresión de sus fuerzas se convierte por siglos en la herramienta religiosa que otorga una moral y una dirección cultural a los pueblos indios.

---

[21] Nos referimos específicamente a los cuatro *vedas*: *Rig*, *Yagur*, *Sama* y *Atharva*.

ÉPOCA BRAHMÁNICA

Desde el 800 a. C. hasta el 300 a. C. nace un nuevo enfoque del pensamiento hindú. La organización del pensamiento religioso se adapta ahora a una sistematización social que da lugar al nacimiento de las castas. La proliferación de divinidades que acompañan a los himnos védicos da nacimiento a un nuevo concepto mucho más metafísico, el de *Brahman*, la realidad absoluta. Enclavada esta naciente cultura en dogmas más definidos y en una socialización que perdura junto con estos, se da inicio al desarrollo de una tradición en diversos campos del pensamiento, no solo filosófico, sino artístico y religioso. Las regulaciones y la normatividad del pensamiento dan un cierto orden que permite la organización firme de una sociedad que avanza en todos los diversos campos del saber. La eclosión del sistema de castas, así como la aparición de los grandes poemas épicos como el *Ramayana*[22] y el *Mahãbhãrata*[23], junto con el *código de Manu*[24] y la aparición, entre otros muchos elementos filosóficos, de los conceptos de *karma* y *dharma*, imprimen una clara evolución al pensamiento hindú.

---

[22] El *Ramayana* es la primera epopeya épica por excelencia de la tradición hindú. Narra la vida de la encarnación divina (*avatara*) *Rama* y el rapto de su esposa *Sita* por el demonio *Ravana*. El *avatara Rama*, junto con un ejército de monos liderado por su devoto *Hanuman*, se trasladan a la isla de Ceilán donde se encuentra secuestrada *Sita*. Después de una portentosa lucha donde *Rama* vence al demonio, su amada es finalmente liberada.

[23] El *Mahãbhãrata* narra la historia del conflicto entre las huestes de los *Kuravas* y los *Pandavas*, dos clanes familiares que luchan por el control político de *Hastinapura*, la ciudad de los elefantes y, por extensión, de la sabiduría. Las huestes de los *Pandavas*, comandadas por *Arjuna*, en cuyo carro de guerra se presenta *Krishna* como auriga, finalmente y después de mil historias narradas por la epopeya, ganan el trono de la ciudad sagrada. En el *Mahãbhãrata* se halla incluido el *Bhagavad Gita* o Canto del Señor, capítulo especial considerado en la más alta estima del pensamiento metafísico oriental, donde *Krishna* adopta como discípulo al joven guerrero *Arjuna* y le enseña los pormenores de la sabiduría.

[24] El *código de Manu*, o *manava dharma sastra*, describe pormenorizadamente las diversas normas que se establecen en la sociedad para favorecer su permanencia.

ÉPOCA ESCOLÁSTICA

Data aproximadamente del 300 a. C. hasta el 800 d. C. Es importante anotar que los historiadores no se ponen de acuerdo en el fraccionamiento temporal de las fechas ni en la constitución misma de las épocas en las que se divide la tradición hindú. Esta época está caracterizada por el nacimiento de los *Upanishads*[25] y de una vertiente de textos que organizan la complejidad del pensamiento, dando firme asiento al concepto de *Brahman*, lo Absoluto, y otorgan el vislumbre inicial de su interpretación como realidad no-diferenciada.

Los *Upanishads* son interpretaciones espirituales de los oscuros himnos originarios védicos, realizados por autores anónimos, en los que se imprime un sesgo filosófico completamente ordenado mediante un sistema de pensamiento organizado. Estos textos aclaran de forma detallada la naturaleza metafísica, epistemológica y moral de la filosofía, dando un cuerpo coherente a las disquisiciones sobre Dios y el mundo.

SANKARA Y EL NO-DUALISMO DE LA ÉPOCA HINDÚ

Conformada una base teorética completa por *Sankara*, *Ramanuja* y *Madhva*, los más grandes exponentes de las profundas interpretaciones metafísicas de la tradición, nace en esta última época del hinduismo una filosofía completamente madurada por el transcurrir de siglos de observación del mundo y de la mente. Simultáneamente, se avista un cuerpo de exponentes

---

[25] Los *Upanishads* son textos que resumen el aspecto más filosófico de la interpretación de los *vedas*. Su autoría es desconocida y su nacimiento se desarrolla durante largos siglos; incluso se plantea la existencia de *Upanishads* modernos. En ellos se encuentra el lineamiento espiritual más profundo y, por su impecable enseñanza, son considerados de inspiración divina, por lo que sirven de base teórica para dirimir cualquier debate o aclarar cualquier duda.

que conforman un todo organizado del pensamiento hindú compuesto por seis escuelas[26] o *darshanas*, que intentan resumir y dar una pormenorizada explicación al análisis de la materia, de la mente, del mundo y de la realidad del Ser.

Es *Sankaracharya*[27] quien establece una nueva idea respecto al mundo que transforma el panorama del pensamiento oriental, insinuando que la realidad denominada *Brahman*, aparte de aparecer como una entidad absoluta, ha de ser *No-dual*. Este punto de inflexión filosófico puede ser comparado a la afirmación de Planck, cuando establece que la materia se

---

[26] Estas seis escuelas que hasta la actualidad prevalecen están claramente ordenadas y dispuestas según la diversidad de sus análisis; ellas son:

Escuela *Nyaya*, fundada por *Gautama Aksapada*, personaje que no tiene relación con *Gautama Budha*, creador del *budhismo*. Promueve una descripción altamente lógica y su epistemología recuerda mucho a las conclusiones filosóficas occidentales.

Escuela *Vaiseshika*, fundada por *Kanada*. Dicha escuela plantea un análisis del mundo, y para ello establece un sistema basado en la condición atomística de la materia. Su descripción epistémica no es tan prolija como el anterior sistema, pero advierte formas de conocimiento o *pramanas* adecuadas para su propia investigación.

Escuela *Samkhya*, fundada por *Kapila*, quien establece una categorización de la materia con el fin de establecer las diferentes realidades mentales y materiales existentes; a dichas categorías de materia las denomina *tatvas*.

Escuela *Yoga*, fundada por *Patanjali*, precursor del análisis de la mente y primer gran sistematizador de los diversos Estados de Conciencia. Esta escuela establece los factores en función de los cuales la mente debe ser estudiada. Plantea el *ashtanga*, ocho pasos necesarios para lograr el control total de los procesos mentales y lograr los más altos estados de cognición asociados a los diversos tipos existentes de *samadhi*.

Purva Mimansa, escuela de pensamiento que determina una organización ritualística y su meticulosa realización, con el fin de lograr la consecución de objetivos específicos, ya sea en esta o en otra vida.

Uttara Mimansa, también llamada Vedanta. Corriente metafísica del pensamiento hindú de la cual existen actualmente tres vertientes: la Advaîta Vedanta, atribuida a *Sankaracharya*; la Dvaita Vedanta, atribuida a *Madhva,* y la Vishistadvaita, atribuida a *Ramanuja*.

[27] El más reconocido de los exponentes de la filosofía hindú. Precursor del análisis de los Estados de Conciencia y del concepto organizado de la No-dualidad. Nacido en Kerala, India, en el siglo VIII, da un vuelco al pensamiento hindú estableciendo, mediante continuos viajes y debates a lo largo y ancho de toda la India, una nueva concepción más madura de pensamiento filosófico.

expresa únicamente en porciones discretas de energía, lo que finalmente dio nacimiento a la mecánica cuántica. Las disquisiciones sobre la No-dualidad se insinuaban ya previamente en los *Upanishads*, pero de ninguna manera fueron expuestas de forma tan contundente como en la sistematización que posteriormente *Sankara* realizó.

Hasta la fecha, el Vedanta Advaîta como modelo metafísico propuesto por *Sankara* pasa sin ser claramente entendido. Los alcances de la No-dualidad en los diversos terrenos del saber occidental son prácticamente inexistentes. La experiencia cotidiana del ser humano ni siquiera roza mentalmente el ambiente que la descripción empírica de la No-dualidad llega a determinar. En esto el Advaîta se parece a la física cuántica, donde la comprensión de sus ideas abstractas es lejana a las expectativas prácticas de los científicos, pues parece un mundo ciertamente de locos debido a la extrañeza del comportamiento de las partículas subatómicas. Algo así pasa con la No-dualidad en el terreno filosófico: las repercusiones que de sus conclusiones se derivan presentan una interpretación que produce dolor de cabeza a la gran mayoría de filósofos occidentales.

La No-dualidad en el terreno epistemológico

Debe entenderse por epistemología la «teoría del conocimiento», es decir, el conjunto de pautas a tratar para establecer ordenadamente la forma en que se realiza la cognición del ser humano. En la filosofía occidental se instauran tres elementos primarios mediante los cuales se establece cualquier tipo de cognición: el *objeto*, el *sujeto* y la corriente que los relaciona, es decir, el *poder del conocimiento* que emerge de manera práctica en forma de consciencia.

Desde la perspectiva occidental, el conocimiento se implanta fundamentalmente en el observador como agente consciente. Él, gracias a la fuerza de la cognición que propicia su consciencia, se permite emitir juicios de saber, es decir, la consciencia le permite conocer el mundo y, además, experimentarse como conocedor. Estas dos opciones, *conocer* y *conocerse*, siempre se plantean de forma *secuencial* y jamás simultánea. Ello plantea de base un axioma sobre el cual se establece la teoría del conocimiento, y es que el objeto y el sujeto son *esencialmente diferentes*. La repercusión de esta forma de plantear la cognición es el nacimiento del *dualismo*, esto es, de la diferenciación objeto-sujeto en el universo de nuestra cognición. A dicha afirmación, como hemos visto, suele denominársela *realismo filosófico*, y expresa en esencia que los objetos conocidos que conforman el mundo existen independientemente del observador —sujeto— que los conoce.

La No-dualidad redefine el concepto de Conciencia y, por lo tanto, estructura una *nueva* posibilidad de relación objeto-sujeto. La No-dualidad plantea que la Conciencia es un continuo de saber y que no necesariamente se expresa exclusivamente a través del sujeto. La Conciencia se parece al espacio, donde se da cabida a los objetos, pero sus volúmenes no limitan al espacio mismo; de igual forma, la Conciencia sostiene los pensamientos, incluso el saber del sujeto, pero no está restringida ni delimitada por la condición individual de quien conoce. Así, entonces, la Conciencia se define como un *continuo No-dual de saber y saber que sabe*. Dicha definición plantea la premisa de que hay un *saber* sin que exista un sentido de individualidad que conozca, y propone nuevas formas de representar el saber sin la existencia de un «yo».

Tal vez la conclusión más atrevida que la No-dualidad propone es la opción de la Conciencia como sustento de la simultaneidad sujeto-objeto. Bajo esta apreciación se esconde un universo de nuevas posibilidades cognitivas y, por ende, el descubrimiento de nuevos Estados de Conciencia.

Las escuelas occidentales plantean la cognición como un evento *secuencial*, donde la consciencia asume el rol de ser

conocedora de los objetos y, posteriormente, pero a gran velocidad, ser conocedora de sí misma. La *simultaneidad* de sujeto-objeto propuesta por el Advaîta en el acto mismo de la cognición queda en contravía de la óptica que se deriva del axioma
de la filosofía occidental. Evidentemente, las consecuencias de
dicha afirmación No-dual llevan a abrumadoras conclusiones,
no solamente en el terreno de lo filosófico, sino también en el
análisis de la psicología.

LA NO-DUALIDAD EN EL TERRENO PSICOLÓGICO

Una de las conclusiones más extrañas y paradójicas de la
No-dualidad es la posibilidad de la existencia de Conciencia sin
que medie necesariamente la presencia de un «yo», de un ego, de
un sujeto individual como agente independiente que conozca.
Cuando en psicología o en filosofía se habla de Conciencia, se
asume que estamos hablando de la consciencia de un «yo», de un
individuo. La existencia de la consciencia individual es el axioma
sobre el que parte toda investigación y toda explicación científica;
sin embargo, la No-dualidad establece que son permitidas formas
diferentes de conocimiento *dependiendo* de la aparición o no del
«yo» como aparente agente activo de la cognición. En dicho caso
es posible, entonces, entrever formas diferentes de interpretación
del mundo de acuerdo al nacimiento de cinco Estados de Conciencia, que emergen según sea el grado de ausencia o no de la
actividad individual, es decir, según el tipo de relación que se establece entre sujeto y objeto en el momento de la cognición.

Estado de Vigilia pensante y sintiente

En este estado el sujeto, como agente activo de la cognición, se experimenta diferente a los objetos que conoce y que

forman parte del mundo. Es el terreno en el cual solemos hacer cotidianamente las descripciones del mundo en que nos encontramos y, por ende, el terreno donde se expresa la ciencia, la religión y la filosofía. Es un estado dual con una fuerte carga de egoísmo, pues la sensación del «yo» es muy firme.

Estado de Sueño

Estado de Conciencia donde la mente se desdobla convirtiéndose en conocedor y conocido. Mientras se sueña, la mente del perceptor asume el rango de sujeto, pero a la vez se desdobla en objetos conocidos. En tal caso, y a la luz de lo conocido, sujeto y objeto se experimentan igualmente diferentes el uno del otro. Este estado es en el que solemos internarnos cuando dormimos; allí reina otra lógica y otra ética, y es allí donde reposamos mentalmente mientras el cuerpo es depositario del descanso.

Estado de Concentración

Nos referimos a un estado similar al que la psicología denomina coloquialmente como «estar concentrado». Cuando un individuo se concentra, focaliza su atención hacia un objeto interno o externo, produciendo mayor comprensión sobre él e impidiendo que otros elementos perturbadores aparezcan. Es claro notar que la *Concentración* focaliza la atención incrementándola sobre un evento a costa de perderla sobre otros. Cuando usted lee un libro, la atención direccionada impide, por ejemplo, detallar cómo los dedos pasan cada una de las hojas del libro. En la *Concentración* la atención se posa con firmeza sobre ciertas características del evento conocido, impidiendo la apreciación de otras. Pero lo realmente interesante del estado de

Concentración es la *desaparición del yo* cuando se atiende a cualquier objeto externo que acontezca y, en contraposición, la *desaparición de todo objeto mental* cuando la atención se posa en el mundo interior que acontece.

Mientras usted permanece concentrado en un objeto externo que acontece, le será imposible notarse como agente que está conociendo; nunca preguntará: «¿Dónde estoy?». Habrá saber, pero no quien sabe; podrá leer y entender el texto, pero jamás se detectará a sí mismo como parte integrante del proceso de lectura. Habrá conciencia mientras realiza cualquier actividad externa, pero no reconocerá su propia sensación egoica. Mientras sigue concentrado prevalece la Conciencia y, por lo tanto, sabrá todo lo que se lee, pero mientras acontece el estado desaparece el sentido de reconocerse como sujeto, como un «yo»[28].

De igual manera, cuando usted permanece concentrado en el mundo interior que acontece, le será imposible detectar cualquier objeto mental. Será testigo del vacío de pensamientos y, por lo tanto, reconocerá la intensa y atenta *vacuidad interior* como característica esencial de la *Concentración interior*.

Estado de Concentración No-dual

Este estado no debe confundirse con la concentración psicológica que planteábamos previamente. El estado de *Concentración No-dual* tiene que ver con la aparición, en cualquier proceso cognitivo, de una *simultaneidad entre sujeto-objeto* como expresión consciente del saber. Se asume la vivencia primaria de la No-dualidad como base de la *Concentración No-dual*, de modo que cuando el conocedor se establece en *Con-*

---

[28] El pormenorizado análisis de los Estados de Conciencia se explica en algunos de los libros escritos por Sesha, como *La Paradoja Divina* o *Vedanta Advaîta* (www.vedantaadvaita.com).

centración No-dual ante un objeto externo o interno, quien conoce no se diferencia del objeto conocido.

Estado de Meditación

Nos referimos al Estado de Conciencia donde el agente de cognición, en forma de *sujeto-objeto simultáneo*, reconoce la totalidad de objetos y sujetos existentes en el universo, de tal manera que el agente que conoce el universo no es diferente del universo mismo conocido.

La forma en cómo establecer cada uno de los Estados de Conciencia no es razón de ser de este libro. En caso de que el lector tenga curiosidad al respecto, deberá profundizar en la teoría y práctica[29] de la Meditación.

LA NO-DUALIDAD EN EL TERRENO DE LA FÍSICA

En siguientes capítulos analizaremos las más importantes ideas de la física cuántica en concordancia con la No-dualidad y avanzaremos, a modo de anticipo, que la No-dualidad es el único ambiente filosófico donde es posible plantear la existencia de eventos simultáneos, tal como la simultaneidad onda-partícula de la cuántica.

La naturaleza de la energía, en su doble presentación de onda-partícula, no tiene parangón en el mundo macroscópico, razón por la cual la cuántica es, en parte, tan confusa y difícil de entender. El único ejemplo donde es posible encontrar un símil, respecto a la simultaneidad de eventos asociados a la experien-

---

[29] Sugerimos al lector el estudio concienzudo de cualquiera de los restantes libros de Sesha: *El Sendero del Dharma, El Eterno Presente, La Búsqueda de la Nada, La Paradoja Divina, Vedanta Advaîta, Los Campos de Cognición* o *Meditación, el camino a la libertad* (www.vedantaadvaita.com).

cia cotidiana, es en la experiencia No-dual. En la No-dualidad hay una actividad cognitiva que es simultánea entre sujeto y objeto y que puede ser experimentada por cualquier individuo. Sin embargo, para lograr dicha percepción No-dual, es necesario erradicar del panorama filosófico el concepto de «objetos reales» y «objetos ideales».

Uno de los más grandes condicionantes que delimitan al pensamiento científico es asumir que los objetos son independientes los unos de los otros. Plantear que solamente existe «conocedor» independiente de «lo conocido» genera unas limitaciones infranqueables para el entendimiento del concepto de lo Real. Asumir que la realidad la establece el conocedor —idealismo—, o en su defecto deviene del objeto mismo —realismo—, circunscribe el mundo a dos únicas opciones y desde ahí es francamente imposible solucionar el dilema que presenta la existencia de eventos simultáneos. Una salida más inteligente es plantear el universo de lo conocido con dos opciones, la realidad *dual* y la realidad *No-dual*. Dentro de la realidad dual cabe la interpretación ideal y real, pero dentro de la interpretación No-dual cabe la opción de atestiguar la aparición de infinitas informaciones[30].

La percepción de información de manera simultánea es permisible mediante la cognición No-dual. Es en sus terrenos donde la experiencia palpable y empírica de lo infinito puede ser conocida por el ser humano. Es mediante la experiencia de la No-dualidad donde el conjunto de eventos conocidos pueden adoptar la condición de simultáneos sin que ello impida la negación de su peculiar naturaleza. La No-dualidad no establece la disolución del objeto en el sujeto, ni la del sujeto en el objeto, sino que posibilita una cognición simultánea de ambas partes.

---

[30] Invitamos al lector a que aclare esta afirmación leyendo el capítulo siguiente, «La naturaleza de la información».

La No-dualidad en el terreno de la ética

La ética entra en el terreno de lo que debe y no debe hacerse, lo que corresponde o no hacer cuando se realiza cualquier acción. Uno de los grandes problemas con el que se ha enfrentado la filosofía tiene que ver con la relatividad de la ética: cualquier canon que se establezca para redirigir la acción y convertirla en buena tiene siempre algún elemento ponderable o imponderable que la muestra relativa. Un ejemplo de esto sería la interminable lucha que el clericalismo occidental ha planteado entre el bien y el mal.

Los cánones éticos, en general, plantean la supervivencia social, tal como los cánones religiosos establecen la validez de la espiritualidad[31]. La relatividad de la ética ha planteado el nacimiento de un concepto supremamente manipulable: la fe. La fe imprime un tipo de creencia incondicional que debe ser siempre respetada y atendida. Desafortunadamente, la fe ha sido la herramienta con la cual, a través de los siglos, se ha introducido el temor reverencial a Dios, el sentido de un ser humano pecador, o la simple creencia de un infierno eterno. Dicho temor ha sido aprovechado para manipular, controlar y empobrecer al género humano.

La No-dualidad no establece ningún dogma, excepto el asumir que el ser humano es infinito y libre por naturaleza para, desde ahí, imprimir un sesgo de bondad natural ante la acción, pues ¿qué ser humano podría hacerle daño a otro cuando, al actuar, se hace daño a sí mismo? Cuando el ser humano entiende que está necesariamente conectado con el resto de las cosas, cuando asume que el universo entero es parte de su propia y

---

[31] *El Sendero del Dharma* establece un pormenorizado análisis de la acción y su realización como actividad liberadora. Para el estudio del descubrimiento de una ética universal sugerimos su interesante y novedoso planteamiento (www.vedantaadvaita.com).

peculiar naturaleza, no tiene otra opción que establecer un nivel de respeto hacia cualquier ente existente.

El único mal es la ignorancia, pues a través de ella se justifica la ineptitud que promueve el egoísmo. Del mismo modo que se establece en la física que la energía no se destruye sino que se transforma, así, de igual manera, el ser humano forma parte de un entramado del cual siempre es y será parte, razón por la cual no puede, a través de su propia voluntad, zafarse de la responsabilidad que tiene hacia el resto del género humano.

CAPÍTULO 4

La naturaleza
de la información

El universo de la cuántica y la naturaleza de las partículas subatómicas no pueden definirse tal como los objetos macroscópicos. Un coche o un avión son objetos físicos cuya energía está condensada y delimitada claramente por sus fronteras físicas; conocemos el comportamiento de cada uno de los sistemas que los conforman y cada uno de estos, a su vez, se estructura como una unidad de funcionamiento y actividad. Siempre son partes definidas y delimitadas que construyen otras más complejas, pero estos subsistemas también son objetos claramente definidos y delimitados.

El universo microscópico se rige por otras leyes, y algunas de ellas resultan francamente contradictorias a nuestra comprensión. El modelo con el que está estructurado el mundo cuántico no es comprensible debido a que su comportamiento no se rige bajo los parámetros de los objetos macroscópicos. Los objetos cuánticos se parecen, volviendo a un símil utilizado anteriormente, a realidades como la lotería que rifa millones de euros: antes de que el premio sea determinado en la fecha y hora correspondiente, todos los potenciales compradores son, a la vez, potenciales millonarios; sin embargo, esta riqueza es virtual y existe en un mundo exclusivamente probabilístico. El real ganador de la lotería es conocido solamente en el momento donde la rifa se consuma y allí, en ese instante final, el universo probabilístico cesa y los demás compradores, excepto el ganador, se alistan a jugar en un futuro otro número de rifa que esperan nuevamente sea el premiado.

Así, un jugador de la lotería, antes de que se juegue y defina el premio, piensa en todo lo que puede comprar, pero no puede ir aún a ninguna tienda a adquirir sus sueños. El coche, la casa y el viaje que desea con ahínco son tan solo potenciales realidades virtuales. El jugador, ante cualquier objeto que desee comprar, está supeditado a ganar el número de la suerte y, por tanto, nunca el objeto deseado está a su disposición, pues todo depende siempre del dinero; escucha en su mente el rumor del motor, fantasea con los viajes realizados en el coche, su color y su línea, pero, cuando quiere tocarlo como algo específico y palpable, siempre se atisba el lamento de ser tan solo un sueño probabilístico.

Las partículas subatómicas funcionan de esta manera; son esencialmente probabilidades, como un potencial ganador de la lotería antes de la consumación de la rifa. Viven cobijadas por una realidad donde no es posible determinar a ciencia cierta todas sus propiedades físicas en un momento específico. No podemos decir si una de ellas, en un momento dado, se comporta exclusivamente como onda o como partícula, pues en su universo probabilístico ella es simultáneamente ambas cosas a la vez: onda y partícula.

Estos mundos tan extraños de la cuántica, donde las partículas microscópicas asumen un comportamiento tan lejano a nuestro sentido común, no pueden describirse claramente como objetos definidos sino como realidades probabilísticas. Por esta razón, la clave más concisa y clara para analizar y lograr una comprensión global de la naturaleza de esas realidades es estudiarlas como «información».

INFORMACIÓN COMO CONCEPTO

La información es tan solo potencialidad de existencia. De igual forma que las partículas subatómicas pueden ser planteadas como realidades probabilísticas, su conformación estructural puede ser estudiada como potencialidad de existencia, es decir, como información.

El concepto «información» es una maravillosa herramienta que permite el análisis de entidades probabilísticas y no probabilísticas. Nuestro cerebro trabaja bajo principios eléctricos y magnéticos, por lo que, finalmente, cualquier evento percibido es interpretado por la mente-cerebro[32] como información captada y analizada por él.

Es extraño redefinir la cognición y pasar de asumir que las cosas poseen un color a afirmar que lo que poseen es información que puede ser interpretada por el cerebro como color; que el sonido de la música es tan solo información que la mente-cerebro interpreta como vibración agradable y armónica. Igualmente, parecería extraño asumir que un recuerdo no es más que el sentimiento actualizado de la información previa registrada en la memoria. La materia y la energía son, simplemente, información en acto o información en potencia, respectivamente; la materia es energía en acto, la energía es potencialidad de acción. Es decir, el universo, en la extensión de cualquiera de sus atributos, puede definirse como «conformación de informa-

---

[32] El término *mente-cerebro* será frecuentemente utilizado a lo largo de este libro. Sin embargo, en algunas ocasiones usaremos también la palabra *mente* de forma independiente. El cerebro es el receptáculo físico de la mente, es la estructura material que sostiene el proceso del conocimiento. Para el Vedanta, existe un tipo de materia mucho más sutil que la física, que reacciona captando la naturaleza profundamente etérea y abstracta de la Conciencia para producir conocimiento. Ni la mente sutil ni el cerebro físico son la base de la Conciencia, pero sirven para captar su naturaleza no-diferenciada. Al igual que los ojos o los oídos son órganos de conocimiento, pero no la razón de ser de él, asimismo la mente-cerebro es la base orgánica del conocimiento, pero no su razón de ser.

ción». Tiempo, espacio, masa y voltaje, variables esenciales de todo lo existente, pueden interpretarse como información conexa o inconexa con potencialidad o no de expresión. El futuro mismo es información que sobrevendrá; el espacio es información que contiene información; la masa es tan solo información contenida en forma de energía; el voltaje es potencialidad eléctrica de información. Así, a la luz de la información, cualquier evento o cualquier idea puede interpretarse como conformada, precisamente, por información.

Las cosas que percibimos no son el *nombre* ni la *forma* con las que las definimos mentalmente. El *nombre* que otorgamos a los objetos es una modalidad de información constituida por un vocablo; la *forma* no pasa de ser la información que delimita sus contornos. El universo es, entonces, un océano de información que adopta innumerables probabilidades de existencia formal y potencial según sea la interpretación mental que planteemos de la realidad.

La información puede expresarse como color, peso, forma, velocidad, energía, alegría y miles de características más que proyectamos a los objetos con los que cotidianamente convivimos. Podemos incluso ir más allá, y afirmar que el cerebro y la mente son información que detecta, fija, procesa y sintetiza información.

Es asombroso analizar las realidades contenidas en el lugar actualmente definido como «ciberespacio», un universo de eventos virtuales que se aglomeran en algún lugar que no es un lugar, en un tiempo que no es un tiempo. Allí, en el ciberespacio, se guardan recuerdos que traen sentimientos variados, claves que nos dan acceso a las cuentas bancarias, diseños de edificios y de todo tipo de maquinaria. Allí fluye la música, la creatividad del ser humano, e incluso su locura. ¿Y de qué está compuesto ese mundo? ¡De información! Información que la mente-cerebro cataloga como realidades mensurables pero que, en esencia, no pasan de ser potencialidades, probabilidades de vida que se asumen como verdaderas en el momento que las conocemos y representamos mentalmente.

CARACTERÍSTICAS DE LA INFORMACIÓN

La información, tal como las partículas subatómicas, no es algo, es decir, no posee una consistencia tridimensional en tiempo y espacio. Su realidad se basa en el hecho de prodigar existencia sin requerir necesariamente de un ladrillo fundamental que sirva de base a su estructura. Un edificio tiene como base estructural el ladrillo, el cemento o el acero. En caso de realizar un análisis más profundo de la base estructural del edificio, podemos ir más allá y asumir que son los átomos de cada elemento, ladrillo, cemento y acero, la razón de ser, en suma, de su existencia. Sin embargo, la naturaleza de la información no mantiene patrones estructurales básicos, como lo son el acero o los átomos para un edificio. A continuación, nos adentraremos en el apasionante mundo de la información y analizaremos sus principales características; posteriormente, pasaremos a explicar la maravillosa relación existente entre esta y la Conciencia.

Acausalidad

La información no tiene causa en nada más que en sí misma; cualquier elemento o estructura en que se base su realidad es también información. No existe una base causal de la información, pues cualquier causa previa de todo elemento existente puede traducirse igualmente como información.

La ciencia intenta encontrar, mediante la física cuántica, una estructura base de la materia. Los actuales alcances de dicha ciencia nos llevan a los *quarks* como elementos primarios de la materia y, no obstante, su existencia aún no está demostrada. La naturaleza primigenia de la materia y la forma en que se gesta su conformación en estructuras más complejas aún no es detectada claramente. No hay claridad en cómo los *quarks*, como unidades fundamentales, configuran núcleos atómicos que sirven de réplica para la obtención de moléculas y estructuras biológicas.

En vez de buscar un ladrillo fundamental que sirva de base a la réplica de compuestos más complejos, podemos utilizar la información como base esencial de todo lo existente. La información se plantea por definición como un *sin comienzo* estructural de partículas fundamentales. Cualquier evento previo al más pequeño de los conocidos está conformado por información, de modo que mediante la información podemos definir cualquier objeto ideal o material, pero ningún objeto ideal o material define específicamente qué es la información.

Adimensionalidad

La información se expresa dimensionalmente como espacio, pero no es solamente espacio; se expresa dimensionalmente como tiempo, pero no solamente es tiempo. También es frecuente afirmar que la información puede representarse como dígitos «0» y «1», que conforman la representación digital de las cosas. La información es la base dimensional de cualquier realidad, pero ella, la información, en sí misma no tiene una dimensión propia de existencia. En esto se parece al punto, tal como es definido por la geometría euclidiana: al punto se lo considera como adimensional; situar continua y secuencialmente puntos conforma líneas en una dimensión espacial; estas líneas, al interceptarse, conforman planos en dos dimensiones espaciales y estos, a su vez, volúmenes en tres dimensiones. Paradójicamente el punto, siendo adimensional espacialmente, es la causa de toda posterior dimensión mensurable.

No existe forma de medir la información, pero la información constituye entidades mensurables e incluso los mismos patrones que sirven como base de medida. Cualquier propiedad física o química como velocidad o acidez pueden medirse bajo apropiados patrones; sin embargo, la información no posee la propiedad de poder ser medida bajo ningún patrón establecido. La adimensionalidad de la información le permite ser atrapada pero no medida. La información, por sí misma, es un continuo cuyas fronteras permanecen sin establecerse.

Realidad

Todo objeto ideal o material existente está compuesto de información, por tanto, la información es la base esencial de toda realidad. No existe nada que el ser humano pueda interpretar con su mente-cerebro que no esté conformado por información: desde los grandes soles a los pequeños recuerdos, todos están constituidos por información. La información no excluye nada, lo incluye todo, siendo la causa de la información la información misma, y, por último, todo objeto material o ideal es suma de información, pero no existe un evento donde solo exista exclusivamente una sola información.

Sin importar qué tipo de evento sea percibido, desde lo fantasioso o lo imaginativo, pasando por los recuerdos o las sustancias materiales, cualquiera de ellos es información que en el momento mismo de ser percibido se aprecia como existente y real. La percepción de la información, como agente constitutivo de las cosas, allega a los objetos percibidos el rasgo de lo real en el momento mismo de ser detectados; así, todo lo existente es real mientras se lo percibe, es decir, es real para el sujeto que lo percibe.

Infinitud

La «masidad», la sustancialidad de los objetos físicos, está finalmente constituida por la intersección de infinitas informaciones; de igual manera, todo constituyente ideal o material, sin importar su naturaleza, está conformado por la sumatoria de infinitas informaciones. Cuando detectamos, por ejemplo, un lápiz, la mente asume en su reconocimiento pocas informaciones respecto a su constitución. Al inicio notamos básicamente su color de mina y el color externo de su pintura, su peso y tamaño, pero dichos elementos, que parecen tan poca cosa, en realidad forman parte de la infinidad de informaciones que los constituyen: la información creativa de quien lo diseñó, de quien o quienes lo construyeron, del sitio donde se excavó para conformar su mina, de quienes en ella trabajaron para excavar dicho material; incluso de las familias que sobreviven gracias al sueldo del obrero mismo que trabajó en su consecución. Pero más allá aún, el lápiz posee una información por descarte o negación; es decir, él no es un bolígrafo, ni una pluma, ni un coche. El objeto lápiz, en conclusión, es la suma de infinitas informaciones que lo conforman y lo definen y a las que, en resumidas cuentas y coloquialmente, definimos tan solo con el vocablo *lápiz*.

Sin importar qué elemento analicemos y cuál de ellos la mente detecte e interprete, finalmente está constituido por infinitas relaciones causales pasadas, presentes y futuras. El hecho de recordar el nombre de un evento cualquiera nos sitúa momentáneamente en el pasado; reconocer que es tal evento nos sitúa momentáneamente en el presente; asumir para qué se utilizará nos localiza en el futuro. La información de un instante y de un evento goza de la infinitud de relaciones que en ese momento componen cualquier cosa conocida que estemos percibiendo.

Todo-parte

La información, sin importar que sea un todo o una fracción del todo, posee igualmente infinitas informaciones. En el ejemplo anterior del lápiz, podemos subdividir dicho elemento en borrador, madera y mina; cualquiera de estos posibles constitutivos posee a su vez infinitas informaciones. Sin importar qué fracción del todo inicial escojamos, ella siempre está constituida por infinitas informaciones, y así constatamos que el infinito nos rodea sin importar dónde observemos o qué actividad realicemos. En definitiva, la información cunde por doquiera interceptándose y creando innumerables formas de vida orgánica e inorgánica.

La mente-cerebro, evidentemente, no entra en el juego de la descripción de los incontables e infinitos constitutivos de aquello que conoce; simplemente, y gracias a su modalidad de funcionamiento al conocer, descarta la mayoría de las informaciones presentes en la cognición y asume algunas pocas características asociadas al *nombre* y a la *forma* sugerida por sus recuerdos. Así, reduciendo la percepción a su mínima expresión, compara el objeto conocido con la base de datos existente en su memoria. Al final, la suma infinita de informaciones que constituyen un todo, o cualquiera de sus fracciones, se resume en una *forma* o un *nombre* previamente conocido. La mente asume erróneamente que el objeto goza tan solo de la cualidad final con la que ha resumido la percepción, dejando oculto el resto de informaciones que forman parte del complemento y que conforman su infinitud.

Convertimos la infinitud de la percepción en un *nombre* o una *forma* que resume lo conocido convirtiéndolo en un momentáneo *todo*. La mente solo puede percibir *todos*, jamás *partes*, pues cualquier parte percibida es un todo a la luz de la mente. Cualquier fraccionamiento de un todo conforma otro todo, que está compuesto también de infinitas informaciones, todas ellas resumidas en la complejidad de palabras como «calor», «velocidad», «densidad» o «amor». Cualquier palabra es el resultante del inmenso resumen que la mente hace para convertir la infinitud de informaciones en una unidad de *nombre-forma* que representa lo conocido.

Así, entonces, finalmente detectamos un evento cualquiera fraccionado de tal manera que la mente lo recorre de modo secuencial, definiéndolo y caracterizándolo en partes que se van aunando en sumatoria a otras para conformar nuevos todos. Cualquier todo y cualquier parte de este están finalmente constituidos por infinitas informaciones que la mente mayoritariamente descarta.

¿Por qué la mente descarta la complejidad de infinitas características de cada evento que conoce y tan solo observa unas pocas en las que se recrea secuencialmente? La respuesta está en una actividad propia de la mente que, al conocer, se establece como actividad frecuente en la cognición: el «yo».

El «yo» es la actividad de la mente generadora de partes. Se parece a un limón exprimido en una olla de leche; la convierte en sus partes constituyentes: suero, nata y cuajada, entre otras. La presencia del «yo» en la cognición permite que la mente fraccione un todo cualquiera en las diversas partes que su memoria pueda recordar.

Por resumir de forma sintética lo expuesto:

a) La información es adimensional, esto es, no posee una única matriz que conforme su naturaleza. No existe un evento constituido por una sola información.

b) La información no excluye nada; todo objeto, material o ideal, está compuesto de infinitas informaciones.

c) La mente siempre interpreta *unidades* de información que componen *todos* asociados a *nombre* y *forma*.

MODELO COGNITIVO ASOCIADO A LA INFORMACIÓN

La información se manifiesta como un océano de probabilidades que la mente puede detectar. La mente-cerebro, como hemos apuntado, es una complejidad de información que detecta, fija, relaciona y conoce información. La mente, al percibir un objeto cualquiera, prioriza cierto tipo de *nombres* y *formas* ya existentes en la memoria y las relaciona con el objeto conocido, armando así una realidad que, según la filosofía occidental, puede llamarse real o ideal. Siendo la información un océano inconmensurable de potencialidad de existencia, los objetos que la mente detecta, sin embargo, se definen con base en unidades funcionales, enraizadas en las cualidades predominantes que tenemos registradas previamente en la memoria. Observamos una montaña y la percibimos como un *todo* con *nombre* de montaña y *forma* de montaña. Sin embargo, la mente no detecta las infinitas informaciones que constituyen el objeto percibido; solo es capaz de percibir sistemas unitarios cognitivos, *unidades* a las que, por ejemplo, en este caso, denota como montaña. La mente, insistimos, *resume* la percepción en unidades asociadas a *nombre* y/o *forma*.

Cuando, por ejemplo, en la cocina proponemos preparar unos huevos revueltos, disponemos la mente en los lugares donde están cada uno de los ingredientes y utensilios para dicha tarea. Ello hace que inmediatamente se descarten los objetos del baño, de los cuartos de descanso y del estudio. Incluso al llegar a la alacena se descartan zonas donde comúnmente no se encuentran los ingredientes; es decir, del océano de objetos ideales y materiales que forman parte de nuestra casa, seleccionamos parte de la información al realizar cualquier actividad. Aun así, la fracción seleccionada denominada huevos, sal, cubiertos, gas, sartén y pan, entre otras, conforman cada una un universo infinito de informaciones[33].

---

[33] Al igual que el lápiz analizado previamente, cualquier fracción posee infinitas informaciones, al igual que cualquier parte del todo constituido. De los huevos

La mente reduce la experiencia cognitiva desde un infinito de informaciones a una unidad funcional relacionada con *nombres* y *formas*, esto es, la mente discursiva solo conoce las informaciones relacionadas previamente en su memoria. Lo que en verdad la mente hace es detectar cualquier conjunto de infinitas informaciones y, posteriormente, se adiciona un ingrediente que fraccione la información, denominado «yo», para finalmente relacionarlo todo secuencialmente con *nombres* y *formas* previamente afincados en la memoria. La síntesis intelectiva final es la aparición de una unidad funcional cognitiva. Sin embargo, y a tenor de lo expuesto anteriormente, conviene no perder nunca de vista que tras lo fraccionado se esconde infinita información no detectada.

Otro ejemplo: alguien va caminando en la oscuridad de la noche por un lugar desconocido en la montaña. Transitar en estas condiciones lleva seguramente a sentir temor. La noche, unida a la oscuridad que envuelve y al miedo que paraliza, lleva al caminante a crear realidades inexistentes: una sombra puede convertirse en un agresivo jabalí[34]. El miedo del caminante, asociado a su soledad y a la oscuridad de la noche, se convierten en caldo de cultivo propicio para que la mente construya la ilusión de un inexistente jabalí. Es el observador quien, a causa de su malestar, circunscribe la experiencia nocturna a un conjunto de informaciones inducidas: miedo, soledad, extraños sonidos, con las cuales construye su propio y momentáneo universo. Es de notar que la información del instante fantasioso está llena de eventos que,

---

que describe el ejemplo, podemos afirmar que su sustancia está constituida por el sabor, el olor, la forma, el lugar donde se compró, la gallina que lo produjo y el alimento con el cual creció, además de su transporte y embalaje. En fin, un huevo es la suma de infinitas informaciones. A su vez, cualquier fracción que defina un todo previo también posee infinitas condiciones que lo conforman y que se encuentran como parte de su pasado, presente y futuro.

[34] Lo que notamos al percibir los objetos másicos, que en filosofía se llaman objetos reales, puesto que existen por sí mismos e independientes de los restantes, son normalmente sus propiedades asociadas de peso, color, textura, etcétera.

fraccionados, componen un todo, pero cada fracción del todo posee infinitas informaciones: colores, imágenes, formas sin fin, etcétera. ¿Cuál de los infinitos percibidos es el real si cada totalidad perceptiva está constituida por infinitas informaciones? Mientras ocurre la cognición ilusoria, ¿dónde queda el mundo real en el que el jabalí no existe, pero del que surgen sombras y sonidos que nuestra mente interpreta a su aire? Pasaremos a aclarar una a una las inquietudes que propone nuestro ejemplo.

La naturaleza del presente

Para profundizar en la disquisición de qué es lo Real, debemos primero aclarar el concepto de *presente*. El presente no es todo aquello que interpretamos mentalmente de los objetos externos o internos. Podemos fantasear momentáneamente y rememorar eventos creando realidades absurdas; podemos, también, experimentar eventos físicos y construir realidades que posean sentido y lógica; no obstante, interpretar mentalmente no implica estar presente. Observar un árbol y fantasear con que crece miles de metros es posible, y dicha fantasía, mientras se la experimenta, es real, *pero no necesariamente* es una percepción presencial. Observar el mismo árbol e imaginar su tronco convertido en leña es posible, y es también una experiencia interpretativa mental real mientras ocurre, pero *tampoco necesariamente* es una percepción presencial.

Interpretar mentalmente un evento material o ideal no implica *per se* estar presente. El evento a interpretar tiene que ser parte *del aquí y del ahora*. Intentaremos desarrollar esta idea pues hay una gran confusión entre los estudiantes respecto a qué es realmente el presente. Los objetos materiales que forman parte del *presente* son todos aquellos que *vienen* desde el pasado y *van* en dirección al futuro; son aquellos objetos[35] aso-

---

[35] Son los objetos que forman parte del estudio de la física.

ciados a un marco temporal que los físicos suelen denominar como *tiempo termodinámico*. Los eventos ideales que forman parte del presente son todos aquellos que poseen algún tipo de conexión con los objetos materiales que fluyen en dirección al futuro[36].

Ver un árbol *en el aquí y el ahora* implica detallarlo mentalmente a través de la intervención de cualquiera de nuestros sentidos: notar el color y su forma con la vista, las vibraciones sonoras por el movimiento de las ramas, la rugosidad del tronco que se detecta con el tacto, el sabor de sus frutos mediante la boca, o el olor de sus flores a través del olfato. Todo ello son reacciones ante eventos presenciales, pues el objeto percibido viene del pasado y va en dirección del futuro. Asimismo, cualquier evento mental asociado por conexión con *el aquí y el ahora, también es presente*. Si alguien que te acompaña, por ejemplo, pregunta si te has subido alguna vez a un árbol igual de grande al que ambos observáis, escudriñarás en tu memoria para afirmar o negar dicha actividad. El recuerdo de haber subido o no a uno parecido es una idea que tiene *conexión* con el presente, por lo cual también forma parte *del aquí y del ahora*.

Por el contrario, observar el árbol e interpretar la existencia mental de otro evento, como por ejemplo un perro, no es presente. El animal se superpone como idea a la percepción del árbol. El perro existe para el observador como un evento real, pero dicha idea no forma parte del presente. Cuando el *tiempo psicológico* del individuo[37] *coincide* con el *tiempo termodinámico* del evento[38], entonces la percepción forma parte del pre-

---

[36] Suele denominarse *entropía* al nivel de desorden de la materia. Dicho desorden siempre aumenta en dirección al futuro, razón por la cual también se le denomina «tiempo termodinámico».

[37] Es decir, el marco psicológico temporal donde se experimenta un evento.

[38] El tiempo psicológico es el segmento temporal en el que la mente interpreta un evento cualquiera. El tiempo psicológico fluctúa fácilmente entre pasado, presente y futuro. En cambio, el tiempo termodinámico es la fracción temporal denominada coloquialmente como presente, donde los objetos físicos pasan momentáneamente

sente, y cuando la respuesta mental del individuo no concuerda con el evento en tiempo termodinámico, es decir, con el presente que está sucediendo, entonces el constructo mental se considera real pero no presencial, es decir, es real pero no es Real[39].

Es importante reaccionar mentalmente ante objetos materiales que formen parte del presente. Cualquier otra reacción mental que *no* tenga conexión con el tiempo termodinámico se advierte como real, pero jamás desembocará en una percepción No-dual. Si dos personas charlan animadamente y una de ellas pregunta el número de teléfono de la otra, evocar los dígitos en dicho momento induce una conexión con el presente; pero charlar animadamente y fantasear induciendo la aparición mental de cualquier idea sin conexión con el diálogo, se convierte en una idea que no forma parte del presente.

Así pues, todo evento material que forma parte del presente convive en un marco temporal al que denominamos tiempo termodinámico, de manera que toda reacción mental debe estar ligada o en conexión con dichos eventos asociados al tiempo termodinámico; de no ser así, el objeto interpretado mentalmente se experimentará siempre de manera dual[40], haciendo que su permanencia sea momentánea a la luz de la consciencia individual. En cambio, una percepción presencial puede mantenerse y, finalmente, llegar a desembocar en una percepción No-dual.

Con estas definiciones previas con respecto al presente, podemos dar solución a los interrogantes que el concepto de información genera cuando se intenta describir la percepción según hemos analizado: como un *todo* conformado por agrupaciones

---

del pasado al futuro. El *tiempo termodinámico* va en dirección a la entropía, es decir, va siempre única y exclusivamente en dirección al futuro.

[39] Un objeto real es aquel que se conoce desde una perspectiva dual. Un objeto Real es el que se detecta cuando la percepción desemboca en la No-dualidad.

[40] Todo evento que no forme parte del presente tiene como generalidad una relación objeto-sujeto diferenciada.

de infinitas informaciones y también a cada *fracción* que compone un *todo* como una agrupación de infinitas informaciones. Una vez más, tanto un *todo* cualquiera como cualquiera de las *partes* que conforman ese todo están constituidos por infinitas informaciones.

¿Cuál de los infinitos percibidos es el real?

Al observar un paisaje cualquiera podemos pasar visualmente de una composición a otra. Por un instante observamos la montaña y parte del cielo; en otro momento observamos una agrupación de árboles que se encuentran alrededor de una cascada de agua; al instante siguiente se detecta la presencia de la cascada solamente; así, la percepción visual salta incluyendo o excluyendo informaciones. La mente percibe solamente unidades de percepción, unidades cognitivas. Posteriormente, puede fraccionar dicha unidad convirtiéndola en otra unidad, y así sucesivamente. Cada unidad se conforma de infinitas informaciones; por ejemplo, la unidad «cascada más árboles» es un constructo conformado por colores, formas, ruidos, movimientos y mil características más.

Todos los infinitos universos *presenciales* y *no presenciales* de información son existentes, pues al conocerlos la Conciencia les atribuye sentido de realidad. Aun así, el término *Real* debe adosarse exclusivamente al *todo* en donde hay *concordancia* entre el instante que acontece y la interpretación mental referida a ese acontecimiento, esto es, cuando el tiempo psicológico de interpretación coincide con el tiempo termodinámico del objeto percibido. Solo cuando existe continuidad en esta forma de percepción el universo llega a desembocar en una representación No-dual. En dicha representación es posible detectar *simultáneamente todas las fracciones que componen un todo*, y esta percepción simultánea que detecta las diversas partes que conforman un todo es denominada como Real, de manera que cualquier todo experimentado de forma No-dual es Real. A diferencia de esto, cualquier todo experimentado de forma dual es real para el perceptor que permanece independiente de lo percibido mientras conoce, pero no es Real puesto que hay diferenciación entre conocedor y conocido.

Así, entonces, toda percepción está conformada por un universo de infinitas informaciones, pero el fraccionamiento del infinito en otros infinitos diferenciados[41] nace cuando el perceptor altera la cognición naturalmente No-dual mediante la inclusión de su consciencia personal y el direccionamiento de su voluntad. Cuando en el universo conocido prima el deseo y la voluntad del perceptor, como causa y respuesta cognitiva a un evento cualquiera que no forma parte del presente, entonces lo percibido se considera como irreal. La presencia del «yo» como causa de la cognición es la verdadera falacia. Cuando la información de la presencia egoica se asume como génesis del proceso cognitivo y predomina diferenciada sobre la información restante, entonces el infinito simultáneo Real se fracciona en un infinito secuencial irreal. Por esta razón, cualquier evento conocido en el mundo dual es irreal, pues allí el conocedor y lo conocido priman diferenciándose cognitivamente entre las diversas fracciones que constituyen un todo de percepción.

Los infinitos no reales son también existentes, pero tan solo perduran de forma momentánea mientras la fuerza de voluntad o el deseo del perceptor los alienta. Debido a la imposibilidad de la mente de mantener la predominancia de las características secuenciales del universo infinito escogido a voluntad, entonces la cognición se fracciona rápidamente y se recrea en otro infinito volitivo, en el que tampoco se puede sostener firme en sus predominancias escogidas. Así, se salta de infinito dual en infinito dual, siguiendo un sesgo de secuen-

---

[41] Diferenciados entre sujeto y objeto.

cialidad mental en todos ellos. Lo común en todos es el rasgo de intencionalidad producido por la presencia del «yo» y, al final, pareciera que lo común a todos los infinitos conocidos e irreales es el «yo».

Cualquier instante de la vida cotidiana es una representación mental de afirmaciones previas; por ejemplo, lavarse las manos. Entramos al servicio y buscamos un lavamanos. El deseo de buscarlo hace que primen algunas informaciones de las infinitas referidas al servicio. Buscamos un soporte horizontal y una zona de espejos, pues en ese lugar esperamos encontrar el objeto de nuestro deseo. Llegados al lugar, y siguiendo la búsqueda del lavamanos, dirigimos nuestra indagación a una zona donde hay grifos; mientras esto ocurre, el espejo desaparece de la visión y muchos otros objetos más de los constitutivos de la percepción previa. Encontrados los grifos, nos interesa ahora el jabón, cosa que hace que los grifos momentáneamente desaparezcan. Ahora nos centramos en abrir el grifo cuidadosamente, situación que hace que el jabón y las personas cercanas desaparezcan de la cognición.

En todo momento hay infinitas informaciones, pero a cada instante prevalecen unas respecto a otras gracias a la intromisión de la fuerza de voluntad como elemento desestabilizador y fraccionador de la percepción. Ha de entenderse que cada fracción es insostenible, pues la voluntad egoica manifiesta variaciones que imprimen diversas primacías en la percepción del campo; cambia el interés, cambia la voluntad y, por lo tanto, cambia el campo conocido. Al cambiar la voluntad nace un nuevo infinito de informaciones, donde algunas de ellas prevalecen sobre las restantes; sin embargo, cada percepción está constituida por infinitas informaciones, todas ellas irreales, pues, aunque todas existen, priman unas respecto a otras. Un campo infinito de informaciones irreales no puede mantenerse, pues la voluntad que lo genera no puede sostenerse idéntica en el tiempo y el espacio ante dicho universo escogido.

Por definición, la voluntad es un acto fugaz y momentáneo[42]. Un campo infinito carente de fuerza volitiva conecta las informaciones de una forma que denominamos No-dual. Quien conoce un campo de este tipo No-dual tampoco se diferencia de dicho campo, y he aquí el modelo básico del Advaîta: el universo es una realidad No-dual. Lo Real es percibir el universo, o cualquiera de sus infinitas fracciones infinitas, desde un sesgo de no-diferenciación entre conocedor y conocido.

El infinito original es un caudal de información en el que no prima la voluntad de quien lo conoce, y es que la voluntad en este infinito Real sí existe, pero no prevalece sobre cualquier otra información que lo constituye. ¿Qué ocurriría si impedimos el nacimiento de la voluntad como fuerza directriz de la mente, y tan solo reaccionamos por el hecho de que hay un universo en el que debemos actuar? La pérdida del impulso volitivo como fuerza creadora de la acción nos llevaría a una modificación del infinito donde nos encontramos. En dicho infinito la información se expresaría como no-diferenciada, y quien lo percibiera sería igualmente no-diferente a lo conocido.

El lector debe remitirse al ejemplo de cómo en la oscuridad es posible observar las imágenes proyectadas por los árboles y experimentar falsamente la existencia de un jabalí. Es extraño, pero el falso universo donde se desenvuelve el jabalí es también existente, irreal pero existente, como el de los sueños; podría llamarse una ilusión o una falsa realidad. El jabalí existe, pero solamente en la mente del perceptor. Imagine el lector que el caminante llevara una cámara de vídeo entre las pertenencias

---

[42] La fuerza volitiva indica una dirección en la que debe ser realizada una acción; su nacimiento implica necesariamente la presencia de un «yo». La fuerza volitiva es inestable, pues el «yo» busca innumerables razones para conocer y conocerse, y el mismo «yo» es inestable, pues es la suma de informaciones donde predomina un sentido de pertenencia. Cuando cesa la fuerza de voluntad desaparece el «yo»; cuando desaparece el «yo» cesa la fuerza de voluntad. Para analizar la naturaleza de la acción, del «yo» y de la voluntad, sugiero al lector el análisis de la obra *El Sendero del Dharma*, Sesha (www.vedantaadvaita.com).

que carga y que, por razones circunstanciales, iba grabando lo que sucedía a su paso. En un momento dado oye un ruido fuerte y voltea su cámara en esa dirección. Sobreexcitado, su mente construye un jabalí, pero la cámara sigue grabando una sombra. Finalmente, asustado, vuelve corriendo a casa. Allí, informa a su familia del peligro inminente que corren por la presencia de los animales salvajes del bosque. Como prueba conecta la cámara y proyecta en la televisión el encuentro. Ante su sorpresa, la cámara solo muestra sombras, de manera que los hijos sonríen culpando al padre de cobarde. Sin embargo, el padre aún no lo cree. Juzga imposible haber vivido tanto miedo por una causa inexistente. Rebobina una y otra vez la película hasta que se convence de que realmente fue una ilusión.

Evidentemente, la reacción del tiempo psicológico del padre no coincidió con la del evento en tiempo termodinámico que aconteció. El padre ha sido consciente de un universo existente pero irreal; allí, la decoración mental que el padre produjo del paisaje mostraba estrellas, formas, matices de grises sin par, sentimientos y vivencias construidas por infinitas informaciones que ocultan la simpleza de un infinito original. La predominancia de ciertas informaciones, como la del jabalí, orienta la cognición y su decorado en una dirección específica, donde el jabalí predomina sobre las restantes informaciones virtuales. Estamos ante una percepción que distingue un mundo existente pero irreal y, por otro lado, un mundo Real pero inexistente para el perceptor dual.

¿Cómo puede ser esto? ¿Cuándo se da la presencia de universos existentes pero irreales? Dicho fenómeno se da cuando el tiempo de la reacción psicológica *no coincide* con la respuesta al tiempo termodinámico que sucede en *el aquí y el ahora*. Por lo tanto, es posible crear tantos universos infinitos existentes e irreales como la mente humana lo permita a través de la incorporación de la voluntad y de la presencia del «yo» en la percepción.

Cabe, entonces, preguntarse: mientras ocurre la cognición ilusoria, ¿dónde queda el mundo en el cual la sombra es simplemente sombra y el jabalí no existe?

El océano infinito de informaciones construye cualquier evento material o ideal, de forma análoga a la plastilina, pues con ella es posible hacer innumerables formas dependiendo de las manos del artista creador. Lo que cambia únicamente es la percepción mental del individuo que crea, instante tras instante, nuevos universos infinitos e irreales en los que priman algunas informaciones en forma probabilística. En nuestro ejemplo priman, respecto al infinito océano de informaciones virtuales, el miedo, la soledad, la oscuridad, el jabalí, etcétera. Cuando la consciencia individual *acompaña* al acto volitivo, el «yo» *aparece* e introduce preferencias de informaciones, haciendo que las restantes queden en potencia. Sin embargo, el universo no ha cambiado ni cambiará, simplemente se crea una nueva interpretación de la realidad que, por ser personal, es cambiante y necesariamente momentánea, es decir, válida tan solo en el instante mismo de la percepción.

El mundo no ha cambiado ni cambiará jamás, pues la información que lo constituye es siempre la misma. El grupo humano, unido en su percepción colectiva, simplemente nota la preponderancia del espacio, el tiempo, la masa y el voltaje sobre las demás condiciones constitutivas de la materia, y a unas de ellas les da predilección sobre las restantes. Unida esta interpretación grupal humana al sentido de causalidad que se le otorga a la información[43] que constituye su particular realidad, se establece un modelo de vida completamente existente pero absolutamente irreal. Vemos nacer los universos desde el *Big Bang* y presumimos que fenecerán en el *Big Crunch*, y todo ello es avalado teóricamente por la ciencia,

---

[43] El sentido de causalidad de la información repercute en el universo detectado, y hace notar que todos los objetos que lo constituyen van en dirección de la entropía, es decir, que la flecha del tiempo va en dirección pasado-futuro.

pues ella es el producto del pensamiento humano y de sus predilecciones cognitivas.

El infinito virtual creado por este modelo de pensamiento grupal es existente pero irreal, tal como es existente el irreal jabalí. No obstante, ese universo delimitado también es Real, pues en él se presentan todos los potenciales atributos existentes del océano de información original. Únicamente es menester cambiar la forma de percepción del universo virtual para establecer un nuevo universo original al que sí podemos llamar Real. Basta que *coincidan* en la mente humana la reacción psicológica y el tiempo termodinámico para que nazca el momento denominado *presente*, siendo el resultado final un universo donde la información adopta la caracterización de la no-diferenciación entre conocedor y conocido.

Debe entenderse que el camino para llegar al infinito original y Real, donde la información se expresa no-diferenciada, no es el de la disciplina ni el de la fuerza de voluntad. Basta una correcta cognición para redistribuir la información irreal de cualquier campo infinito y establecer un infinito original No-dual, donde la información puede expresarse *simultáneamente*. No cambiará nada, pues nada ha sido creado ni nada ha sido desechado; simplemente el «yo» asumirá un rol no-diferente, de tal manera que quien conoce el infinito original No-dual no se distingue ni se diferencia de aquello que conoce.

Por ello, el sesudo análisis científico y su interés por desentrañar los misterios de la existencia de la materia y de la mente ofrecerán siempre limitaciones por el solo hecho del ímpetu esforzado con el que se realizan. El «yo», como información diferenciada por la voluntad del conocedor, impregna la percepción de diferenciación. He aquí el verdadero problema a solucionar: conocer sin quien conozca.

CAPÍTULO 5

Relaciones entre cuántica y Vedanta

La introducción del concepto de la No-dualidad en el portafolio de ideas filosóficas nos permite ampliar el campo de estudio del pensamiento humano y, en general, del análisis de los diversos sistemas académicos de pensamiento. La No-dualidad es una potente herramienta intelectual que permite responder a las inquietudes filosóficas y científicas con nuevas ideas, pero, obviamente, también reacomoda la manera común de ver e interpretar el mundo y su realidad, razón por la cual parece en primera instancia una idea bastante extraña.

La No-dualidad requiere que las suposiciones tácitas o axiomáticas respecto a la manera en que describimos el mundo deben dejarse de lado. Ideas como la *estabilidad* y *existencia real* del «yo» deben desecharse. Catalogar los eventos que constituyen las cosas como exclusivamente «materiales» o «ideales» se revela como pobre. También es necesario redefinir la naturaleza de la Conciencia y, por lo tanto, dar cabida a nuevos estados posibles de cognición. Igualmente, el concepto sobre la veracidad de la cognición y su análisis epistemológico debe ampliarse para recurrir a otros nuevos elementos que lo alimenten y permitan nuevas y sorprendentes respuestas respecto a la existencia, el saber y la Conciencia. La ética y la metafísica han de transformarse en parte para permitir el acceso de nuevas apreciaciones que también llevarán a maravillosas respuestas.

La intromisión del concepto de No-dualidad no implica desechar lo conocido ni asumir que es erróneo; en absoluto. Simplemente, la No-dualidad amplía el caleidoscopio de posibilidades y nos acerca a un mundo que puede parecer, *a priori*, algo más inentendible pero que se revelará a su vez más coherente. Se parece un poco a la irrupción de la teoría relativista de Einstein en relación con la teoría clásica formulada por Newton. El concepto de fuerzas, tiempo y espacio que la teoría de la relatividad ofrece nos otorga un panorama más complejo pero, a la vez, más amplio para interpretar el universo en que vivimos; sin embargo, para bajas velocidades y campos gravitatorios de magnitud similar a la que nos encontramos, es viable usar las ecuaciones newtonianas sin riesgo de preocuparnos porque puedan ser improcedentes. Simplemente, la teoría relativista incluye la newtoniana, pero, debido a la complejidad matemática que posee aquella, a bajas velocidades es no solamente permitido sino correcto usar las ecuaciones newtonianas para interpretar el mundo cotidiano.

La naturaleza de los objetos y sus fronteras

Nuestro sentido común advierte que los objetos son objetos, que una televisión es claramente diferente del sofá desde el cual cómodamente la observamos. Tal es nuestra ausencia de dudas respecto del tema que otorgamos a cada uno de los objetos un nombre representativo mediante el cual podemos conocerlo y recordarlo. Así, entonces, nuestro mundo mental está lleno de objetos y definiciones; en resumen, de *nombres* y de *formas*. Hemos construido un lenguaje basado en que cada palabra está dotada de significancia gracias a que la asociamos a pensamientos que representan objetos, cualidades, acciones y relaciones entre ellos. Nuestro idioma usa la gramática para establecer las leyes de dichas relaciones y decora la complejidad de la comunicación introduciendo variables como verbos, adjetivos, pronombres, etcétera. La gramática imprime el orden necesario para armar frases y con ellas conceptos con los que finalmente abarcamos ideas cada vez más complejas con las cuales podemos comunicar y procesar mentalmente. Hay una clara relación entre el procesamiento mental y el lenguaje del cual hacemos uso para comunicarnos.

Cuando la comunicación coloquial es verbal, nuestras ideas son representadas por vocablos. Dichos vocablos advierten ideas que representan eventos evocados, pero el vocablo es solo un intermediario que nos permite comunicarnos. Hay que tener claro, no obstante, que un vocablo representa un objeto material o ideal, o alguna de sus cualidades, pero ni el vocablo ni mucho menos los fonemas que lo constituyen son el objeto, sino tan solo su representación verbal.

Igual pasa con las ideas cuando estas son evocadas. Cada quien representa mentalmente el objeto televisión a su manera, cuando piensa en él. En éste caso no hay un vocablo que lo represente, pero sí una imagen visual, auditiva, gustativa, olfativa o táctil que recordamos. Dicha imagen es su representación mental, pero no la expresión *real* de lo que es el televisor.

Nos hemos acostumbrado entonces, gracias a la formalidad del lenguaje y de nuestra estructura de pensamiento, a asumir erróneamente que los objetos son el *nombre* que de ellos pronunciamos o la *forma* mental con la cual los pensamos. El límite de un objeto aparece cuando nace una nueva palabra o cuando emerge un nuevo pensamiento; en el caso de nuestro ejemplo, aseveramos que entre el sofá y la televisión hay tres metros de espacio que distancian al uno de la otra. Entonces emerge el concepto de espacio y distancia, y de esa manera establecemos que el espacio diferencia un objeto del otro. A su vez, el concepto de distancia permite reconocer que el espacio posee categorías de tamaños diversos que pueden verificarse a través de su medición en metros o centímetros.

Evidentemente, aceptamos que una cosa es un televisor y otra bien diferente son el sofá y el espacio. La *sustancialidad* que los constituye son nuevos *nombres* y *formas*[44]. Cada uno de ellos otorga cualidades y significados distintos a cada evento percibido. Así, afirmamos que el televisor posee peso, forma, color y uso completamente diferentes a los del sofá, y que el sofá posee una sustancia que lo compone diferente a la de los objetos restantes. Los objetos se diferencian entonces por las *formas* y los *nombres* con los que de ellos hablamos o pensamos.

Pero, estableciendo diferenciación entre objetos por el lenguaje y por la forma en que los pensamos, ¿ello es suficiente para afirmar que el objeto televisor realmente es el *nombre* que de él tenemos y la *forma* con la cual lo pensamos? ¿Dónde está claramente establecida la frontera entre un objeto y otro? Al parecer, el límite entre las cosas lo establece un *nombre frontera* y una *forma mental de frontera*.

Hagamos el siguiente y sencillo raciocinio: tenemos dos objetos que asumimos diferentes, sofá y televisor. Para obviar el concepto de espacio, colocamos el televisor sobre el sofá. Intentemos entonces ver dónde termina el televisor y empieza el sofá, es decir, dónde se encuentra la frontera que diferencia un objeto de otro, pues evidentemente son distintos. La frontera no puede ser parte del televisor, pues entonces sería televisor y

---

[44] Los *nombres* y las *formas* pueden plantearse como la representación más genérica de todas las cosas existentes. Todo lo que existe tiene nombre y forma, lo que no existe no tiene ni lo uno ni la otra. Nuestra percepción es un mar de nombres y formas que combaten en afanosas tempestades. Nuestra interpretación del mundo se parece a la que hacemos usando un diccionario para plantear ideas en un idioma desconocido. Armamos conceptos mayores con ideas leídas; cada idea se relaciona con una palabra del diccionario. Con ideas definimos ideas más complejas, y así sucesivamente.

no una frontera; pero tampoco puede ser parte del sofá por idéntica circunstancia. La única opción es que la frontera sea un «objeto frontera»; pero de ser así, de ser un objeto frontera, tendría que haber una nueva frontera entre el objeto frontera y cualquiera de los dos objetos analizados. Es decir, nos vamos a una situación repetitiva que no termina jamás. ¡Sin embargo notamos a los objetos diferentes! La solución al dilema es sencilla: no hay fronteras; tampoco hay objetos independientes. Lo que existe es un continuo de realidad no-diferenciada que aparece como diferenciada debido a la forma mental y verbal como establecemos sus características.

Los objetos existen; en realidad todo existe, pero los experimentamos diferentes unos a otros por la forma en que los pensamos y de ellos hablamos. Si al percibirlos modificamos la cognición y los protocolos de funcionamiento de la mente, su naturaleza independiente se diluye, dando paso a una existencia no-diferenciada. La realidad no-diferenciada no implica la disolución de los objetos en un tercero, sino una nueva forma de cognición al percibirlos. La No-dualidad permite la existencia de infinitos objetos, pero asume que quien los conoce no se diferencia de ellos. Este planteamiento se parece al ejemplo de una gota de agua que cae en un lago: allí, al caer, pierde las fronteras que la definen, pero sigue existiendo como gota, aunque ahora forme parte de un lago. Basta agitar la superficie para, al producirse salpicaduras, recuperar la consistencia de la gota. Ella no se ha deshecho por introducirse nuevamente en el lago; simplemente asume una condición física que le permite *simultáneamente* ser parte y ser todo. La gota al caer y diluirse en el lago pierde sus fronteras, pero no su identidad; al igual ocurre con la experiencia No-dual, pues los objetos jamás dejan de ser lo que son, pero se advierten no-diferenciados por quien los conoce.

La naturaleza de los objetos materiales e ideales

Debido a la complejidad de interpretar la existencia de los objetos mediante el lenguaje y los recuerdos, los pensadores orientales sugirieron desde antaño que su realidad era independiente de quien la observa, o que su realidad nace al ser pensada por el conocedor. Así y todo, dicha definición material e ideal sigue asumiendo la suposición tácita de que los objetos son diferentes unos de otros.

Contamos con dos tipos de objetos, los materiales —también llamados reales— y los ideales. Para sostener dicha afirmación es necesario plantear como axioma que el observador es diferente de lo observado, si no, por supuesto, no se plantearía la existencia de solo objetos materiales o ideales. Cuando intentamos plantear las fronteras entre observador y observado, se argumenta que no es necesario hacerlo, pues por axioma son diferentes. Este es el dilema filosófico esencial: asumimos que las cosas difieren entre ellas porque así las pensamos, pero no se plantea qué ocurriría con la percepción material e ideal si establecemos nuevos cánones en la cognición. La cognición estudiada en Occidente es netamente dialéctica, ambiente donde evidentemente se requiere plantear como base una dicotomía entre conocedor y conocido.

No obstante, ¿cómo funciona una cognición intuitiva? ¿Cómo se articula una cognición No-dual? Estos terrenos epistémicos aún están inexplorados por la filosofía occidental, que no da su brazo a torcer e impide, ya sea por pereza o simple temor, que cualquier nueva idea sea analizada. ¿Qué importa si en el camino lo previamente expuesto debe reciclarse para atender a las nuevas expectativas que depara la nueva óptica del pensamiento? En esta línea, y tal y como hemos expuesto, la física cuántica nació, no sin dificultades, de una nueva interpretación de la realidad basada en el hecho de que la energía se expresa en los mundos atómicos de forma discreta y no de forma continua[45]. Dicha afirmación cayó en su momento como agua fría sobre la cabeza de la física clásica. Durante decenas de años se pugnó por ridiculizar dichas teorías, impidiendo así su propagación, pero al final el nuevo modelo cuántico supo crecer con fuerza propia.

En el terreno de la filosofía, cualquier cambio que se exponga es tildado de «orientalista», como sinónimo de absurdo. Al parecer, no existe más opción que un universo compuesto de objetos materiales o ideales. La filosofía es paquidérmica, reacia al cambio, huye de las nuevas ideas como las sombras lo hacen de la luz. La naturaleza del «yo» y su existencia son axiomáticas y, por lo tanto, irreversibles. La disquisición dialéctica no ofrece claridad sobre la interpretación final de la realidad; muchos pensadores, maniatados por dicha forma de pensar, se atrincheran en sus propios reductos impidiendo la renovación que otorga la frescura de lo novedoso.

La filosofía debería tomar el estandarte que creó la cuántica: los nuevos conceptos nacidos de su especial forma de ver el mundo subatómico deberían haber sido estudiados, aunque los viejos valores lógicos corrieran el riesgo de derrumbarse. La filosofía ha de comprometerse con la interpretación de las nuevas ideas que nacen de los terrenos de la física y de otras tradiciones, y aprovechar dichos marcos de referencia para renovarse y, de esa manera, afianzarse. La filosofía está en deuda con la humanidad, pues pareciera que el universo es solo la interpretación que Platón, Aristóteles o Kant, entre otros muchos, enunciaron en su momento. Es necesario teorizar sobre nuevos conceptos como, por ejemplo, la posibilidad de una percepción

---

[45] La física clásica, que regía en los albores del siglo XX, afirmaba que la energía puede expresarse en un abanico de infinitas longitudes de onda. La presencia discreta de la energía planteada por Planck implica la imposibilidad de establecer una infinita gama de irradiación de frecuencias; solo podrán aparecer aquellas que son múltiplos de una constante. Ello implica que la energía está cuantizada en expresiones discretas y que es imposible asumir una expresión continua de la energía.

simultánea, sobre la aparición de posibles y nuevos Estados de Conciencia, sobre una metafísica basada en la experiencia directa y no solo teórica. De no dar este paso, la filosofía, anquilosada, pronto no será más que historia de la filosofía.

He aquí, pues, la propuesta: los objetos ideales o reales son válidos como eventos independientes cuando la cognición es considerada como dual. Bajo esta formulación, se establece que sujeto y objeto son esencialmente diferentes uno del otro. La nueva forma de analizar la realidad es proponer que la percepción de los objetos sea No-dual. Esta nueva aportación no requiere que los objetos cambien su naturaleza; implica más bien que la fuerza de la Conciencia no opere exclusivamente en el observador como agente activo de la cognición. La No-dualidad redefine la naturaleza de la Conciencia y reconvierte al objeto y al sujeto en una modalidad de su propia sustancialidad, es decir, objeto y sujeto son una modificación sustancial de la Conciencia; finalmente, todo es Conciencia[46] y la información es su sustancia. Es por esta razón que no existen realmente fronteras entre las cosas y, por ello, jamás se podrá plantear un objeto esencial como base múltiple de los restantes. Los físicos buscarán en los *quarks* la base elemental de la materia y, si algún día los descubren, se enfrentarán a la complejidad de algo previo en sus constitutivos.

Los objetos no pueden ser exclusivamente reales o ideales, pues su naturaleza es esencialmente No-dual. Cuando las matemáticas y la física intentan llegar a la base esencial que diferencia una cosa, a las fronteras que delimitan los objetos unos de otros, se topan con todo tipo de singularidades, paradojas matemáticas, o ante la complejidad de infinitos inmanejables en sus

---

[46] Afirmación vedantina que resume la exposición de su filosofía: *pragnaman Brahman*; la realidad es Conciencia. Esta afirmación es válida solamente desde los terrenos de la percepción asociada a la Meditación. Solo desde este Estado de Conciencia es posible aseverar que el universo es la sustancialidad de la Conciencia, y que la Conciencia es realmente un continuo No-dual que sabe y sabe que sabe.

ecuaciones. La dualidad solo acontece bajo la realidad de una interpretación dialéctica; superada esta forma de cognición, la información que constituye el universo adopta una representación No-dual.

LA DUALIDAD ONDA-PARTÍCULA

Hemos mencionado que los científicos de comienzos del siglo pasado asumían que la energía tiene únicamente dos presentaciones: como onda y como partícula. Ello era suficiente para entender el funcionamiento de las leyes de la naturaleza. Jamás se planteó una alternativa diferente.

El advenimiento de la física cuántica produjo una gran confusión en el ambiente científico debido a que jamás se había observado un cuerpo que tuviese *simultáneamente* la cualidad corpuscular y la ondulatoria. Los experimentos de la doble rendija realizados a electrones hacían notar que no solamente estas partículas poseían una doble cualidad onda-corpúsculo, sino que en general todo el mundo subatómico tenía similares características.

Incrédulos y escépticos, pero sin posibilidad de contrarrestar las observaciones, los científicos acabaron acostumbrándose al extraño comportamiento del mundo cuántico, diferente al que ofrece el universo macroscópico. El experimento de la doble rendija llevó a concluir que los electrones interfieren consigo mismos, aunque sean partículas elementales y no puedan subdividirse; a su vez, nos permite concluir que varían su comportamiento por el solo hecho de intentar observarlos. Incluso es imposible saber si la partícula cuántica detectada en un instante es la misma al instante siguiente, pues no existe un trazo energético que se mantenga.

No existe en la naturaleza del mundo macroscópico un ejemplo de simultaneidad, lo suficientemente consistente y fiable, que sea asimilable al comportamiento cuántico; sin embargo, desde la perspectiva filosófica oriental, sí existe una actividad que funciona de manera similar a la del mundo cuántico; nos referimos a la simultaneidad cognitiva objeto-sujeto que opera en la No-dualidad.

La soga y la serpiente

Con el fin de aclarar lo más posible este dilema epistemológico respecto a la irrealidad-realidad de la percepción, intentaremos plantear un antiguo ejemplo que usa el Advaîta; nos referimos a la soga y la serpiente. Un individuo camina por la vera del camino, en una selva, y al observar una soga enrollada que se encuentra en el suelo reconoce erróneamente una serpiente que se hace ver para él como real, razón por la cual se asusta y sale corriendo.

Ampliemos el ejemplo, pues cuando se planteó, hace muchos siglos, era imposible hacer ciertas suposiciones. Asumamos que el caminante, al igual que el del ejemplo previo del jabalí, lleva una cámara de vídeo con la que está grabando el paisaje. Ante el susto del encuentro con la falsa serpiente, el caminante graba agitadamente, pues nota que está presta a atacarle. Al llegar a su casa informa a su familia del encuentro y proyecta las imágenes grabadas de la cámara en su televisor, para así intentar convencerlos del peligro de salir fuera. Como no podía ser de otra manera, su familia comprueba que la supuesta serpiente que asustó a su padre era una simple soga, que dicha soga jamás se movió en ningún momento, y que todo no fue más que una ilusión producida por una falsa percepción. El padre no cree lo que ahora ve, ¡una soga convertida en serpiente! Una ilusión que le asustó de tal manera que el miedo le hizo sudar copiosamente y recorrer la corta distancia a su casa en apenas segundos.

Analicemos más a fondo el suceso. Evidentemente el padre, mientras caminaba por la selva, tenía ante la soga dos opciones: mantener su camino y grabar desapasionadamente la soga o, en su defecto, reaccionar convirtiéndola en serpiente, lo que finalmente hizo. Es decir, el caminante tiene la posibilidad de seguir el sendero o tomar otra dirección. Cuando cree detectar la serpiente crea un constructo mental y reacciona como si fuera real, siendo su constructo creación de su propio temor; en cambio, si observa la soga y plantea que es simplemente una soga, entonces su constructo mental reaccionará siguiendo el camino de forma tranquila en dirección de su destino final.

Reacción en «el aquí y el ahora»

Mientras el caminante asume que la soga es soga, su reacción mental concuerda con el acontecimiento que está sucediendo. Cuando el caminante asume que la soga es una serpiente, su reacción no concuerda con el acontecimiento que está sucediendo. Aunque ambos mundos se pueden interpretar como reales, la reacción ante la creación ilusoria es la que no tiene sentido. Note el lector que no estamos planteado cuál de las dos reacciones es real, pues a tenor de lo experimentado ambas pueden serlo, sino en cuál de ellas la reacción concuerda con el tiempo termodinámico o tiempo cero, circunstancia donde se desenvuelven los eventos que están sucediendo.

La mayoría de los seres humanos experimentan constantemente serpientes en sus percepciones. Toda suerte de suposiciones e imaginación se plantean ante cualquier circunstancia, ocultando el presente y reaccionando sobre constructos evocados. La mente humana vive produciendo incansablemente reacciones falsas ante eventos que acontecen. Adicionalmente, asumimos que los constructos creados son válidos y les otorgamos un sesgo de realidad que no tienen, pues son tan solo invenciones momentáneas de nuestra mente. Sentados en el metro, por ejemplo, la mente viaja por incontables remembranzas mientras vamos de un lugar a otro. Llegan a ser tan intensos los recuerdos que, por momentos, viajamos a los lugares que se evocan y tanto el vagón como los acompañantes del metro desaparecen momentáneamente. Desafortunadamente, este proceso ocurre no solamente mientras vamos en metro, sino a cada instante del cotidiano vivir. A cada momento reaccionamos ante eventos que no forman parte del tiempo cero, aquel donde vive el presente.

Tiempo psicológico y tiempo termodinámico o tiempo cero

Hemos apuntado previamente que, cuando el tiempo psicológico de reacción mental coincide con el tiempo cero, entonces podemos afirmar que estamos viviendo el presente. El presente no se refiere a un tipo de reacción mental especial, sino a una actividad mental de interpretación que va acompañada del tiempo cero, es decir, de los sucesos que están aconteciendo. A una persona se le dice cuando la notamos distraída: «¿Dónde estás?». Y responde: «¡Aquí!». Sin embargo, la reacción mental se asociaba a un recuerdo, razón por la cual su semblante denotaba ausencia. La mayoría de las personas actúa con base en expectativas que no son del instante mismo sino de futuras ambiciones. Normalmente sus reacciones se establecen basadas no en lo que acontece sino en el incierto futuro de un anhelo no conseguido.

El Advaîta plantea que, si la reacción psicológica de la persona coincide permanentemente con la relación del tiempo termodinámico del objeto a conocer, y esta forma de relación cognitiva se mantiene, entonces la percepción varía y se establece un nuevo estado de cognición. Cuando el objeto material que viaja en el tiempo termodinámico se interpreta mentalmente y el evento material coincide con el ideal, entonces la relación objeto-sujeto se modifica, dando paso a la aparición de uno de tres posibles Estados de Conciencia: Concentración, Concentración No-dual o Meditación.

De igual forma que un avión necesita recorrer pista durante cientos de metros para que las leyes de la aerodinámica generen presión de succión sobre sus alas y pueda tomar vuelo, asimismo se requiere establecer un mínimo de continuidad en el acompañamiento del tiempo cero donde fluye el objeto y el tiempo psicológico en el que se lo interpreta. No basta saber momentáneamente que estamos en el aquí y el ahora. Emitir un juicio aduciendo que estamos aquí o que el semáforo se ha puesto en rojo no ofrece la inercia suficiente para establecer un nuevo estado de cognición. Se requiere, tal como el avión, recorrer suficiente pista. Cada mente humana requiere en su propio protocolo de percepción de un estimativo diferente, al igual que el despegue de un avión depende de su potencia, peso y velocidad del viento.

La No-dualidad

Cuando se establece una percepción en la que el tiempo cero[47] coincide con el tiempo de reacción psicológica[48], el individuo experimenta la vivencia del presente. Cuando el presente emerge como una actividad continua con la suficiente inercia, esto es, con suficiente sentido de permanencia, entonces el sistema cognitivo «objeto-sujeto-poder de conocimiento» se recoloca y asume un nuevo rol simultáneo en la percepción.

La Conciencia, situada en el rol No-dual, asume por sí misma su actividad cognoscente, que ahora no se deposita exclusi-

---

[47] O tiempo termodinámico, es decir, el que determina las condiciones entrópicas del universo; el que va desde el pasado en dirección hacia el futuro.

[48] El tiempo psicológico del individuo.

vamente en el sujeto, como ocurre en la percepción dual, sino que se redistribuye en la totalidad del campo de cognición[49]. Gracias a que la naturaleza propia de la Conciencia es conocer y simultáneamente conocerse, es ella quien asume el rol de ser conocedor y conocido. El sujeto sigue existiendo, pero bajo unos parámetros distintos a la actividad común del estado dual de Vigilia pensante y sintiente. El sujeto, en el rol No-dual, es simplemente una actividad cobijada por la Conciencia que se reconoce como conocedora de objetos, pero no promueve una identificación con la historia mental ni con el cuerpo físico del sujeto; los detecta, es decir, reconoce cuerpo y mente, pero los advierte como objetos mismos del campo de manera no-diferenciada. El sujeto es tal pero no existe identificación de propiedad ni de pertenencia con el cuerpo ni la mente; no obstante, existen cuerpo y mente. El sujeto, que en los estados de No-dualidad suele llamarse *Saksím* o *Atman*[50], al conocer se conoce en lo conocido y lo conocido se conoce simultáneamente en el conocedor. Sujeto y objeto existen, pero a la luz de la Conciencia se experimentan simultáneos y no-diferenciados.

UNA ONDA PROBABILÍSTICA

Ha quedado establecido que, ante la extraña cualidad de las partículas cuánticas de poseer simultáneos estados energéticos, se interpreta que las ecuaciones de onda que determinan su naturaleza pueden expresarse, a su vez, como un conjunto probabilístico de estados energéticos. Las ecuaciones de onda de probabilidad son una creación de la física cuántica que muestran la

---

[49] Nos referimos con «campo de cognición» al conjunto de eventos ideales o reales que, a través de los sentidos o los recuerdos, podemos captar en un momento dado cualquiera de percepción.

[50] Ya sea en el estado de Concentración No-dual o Meditación, respectivamente.

superposición simultánea de estados energéticos de las partículas subatómicas.

En la naturaleza, solo el mundo cuántico posee esta característica. En los mundos macroscópicos hay ejemplos de ecuaciones de probabilidad, mas no de ecuaciones de onda probabilística. Se ha comentado que los potenciales ganadores de una lotería pueden ser descritos como un evento probabilístico, pero mientras no se haya celebrado el sorteo, cada uno de los apostadores vive su propia vida independiente, realizando actividades propias. Si se reuniesen todos en el lugar del sorteo, cada uno de ellos sentado en su butaca a la espera del momento culmen que hará millonario a uno de los presentes, podrían expresarse independientemente y podríamos reconocer a cada uno de los participantes. El concepto de probabilidad los acompañaría a todos mientras no se defina el ganador, pero esta expresión no le impide a cada uno ser independiente de los restantes.

La onda probabilística asociada al mundo cuántico difiere, respecto a la simple probabilidad de los asistentes al sorteo, en que los diversos estados superpuestos no se distinguen unos de otros hasta que uno de ellos se expresa.

En el mundo macroscópico no existen ejemplos de ondas probabilísticas que superpongan sus estados energéticos, razón por la cual dicha interpretación del mundo cuántico planteada por Böhr no fue inicialmente avalada por científicos de la talla de Einstein. El mundo parecía demasiado loco, demasiado al azar, razón por la cual, en los debates entre ambos científicos, Einstein comentó su célebre frase: «Dios no juega a los dados», a la que Böhr contestó: «Deja de decirle a Dios qué hacer con sus dados».

El Advaîta nos muestra, en el terreno de la cognición, un ejemplo muy interesante de onda probabilística en los mundos macroscópicos; nos referimos a la explicación que hace del funcionamiento de la mente. El análisis de la mente y sus constitutivos difiere mucho entre el sistema Vedanta y la psicología occidental. El Vedanta estudia la mente como una interacción de cuatro constitutivos básicos y sitúa a la Conciencia soportada en uno de ellos.

El antakarana *o vehículo interno*

Antakarana[51] es el nombre con el que se describe dicha cuádruple constitución de funciones primarias existentes en la mente. Cada función es independiente y todas ellas conforman un instrumento de cognición denominado mente. Pero la cognición misma, la fuerza del saber propia de la Conciencia, no la produce ninguna de estas, sino que es soportada por una de ellas. La mente, en su funcionamiento, puede describirse como similar a la interrelación de los tres colores primarios: amarillo, azul y rojo. Sin importar qué tono utilicemos para pintar una pared, el tinte puede ser descrito como una interacción de los tres colores primarios que, mezclados entre sí, conforman colores secundarios; al mezclar los secundarios producimos tonos terciarios; finalmente, el caleidoscopio de tonos llega hasta el infinito.

Otro ejemplo interesante que nos acerca a cómo interpreta el Advaîta la mente son los *quarks*. Se plantea que toda partícula nuclear está constituida por «ideas-energía», a saber, un tipo especial de información que, dependiendo de cómo se entremezcle, promueve el nacimiento de materia con sus diferentes características físicas; pues bien, estos bloques fundamentales

---

[51] *Antakarana* se traduce como *vehículo interno*. Se refiere a que la mente, al igual que los cinco sentidos físicos, es un instrumento de cognición, mas no la razón de la cognición misma, que deviene exclusivamente de la Conciencia. El *antakarana* opera, en esencia, como uno más de los sentidos físicos que nos muestran el mundo exterior, pero actúa como un sentido que participa del mundo interior. Por esa razón suele decirse en Oriente que el ser humano es poseedor de seis sentidos y no cinco: los cinco sentidos físicos externos y uno interior.

que constituyen la materia se denominan *quarks*. El nacimiento de la teoría de los *quarks* se le otorga a los físicos Gell-Mann y Zweig. Digamos que estos bloques tienen la peculiaridad de expresar su energía en fracciones tercias, es decir, cada *quark* posee una carga de 1/3. Lo extraño de la teoría es que toda partícula creada ha de ser la mezcla de tres *quarks*, o de un *quark* con su *antiquark* más un tercero. Lo que finalmente planteamos, al hilo del ejemplo anterior de los colores primarios, es que las propiedades básicas elementales pueden, al entremezclarse entre ellas, conformar un abanico de inmensas posibilidades materiales. De modo análogo a estos dos ejemplos previos, los cuatro elementos estructurales que conforman el *antakarana* o mente, al entremezclarse, producen diversos Estados de Conciencia.

Las funciones, actividades o constituyentes del *antakarana* son cuatro: *budhi*, *chitta*, *manas* y *ahamkara*. La mente debe ser entendida como una actividad inteligente que *detecta, fija* y *relaciona* la información detectada y emite *síntesis* cognitiva, y además estos constituyentes deben entenderse como unidades elementales que, al entremezclarse, producen la complejísima distribución de sentimientos, emociones, pasiones y pensamientos. Todo lo que ocurre en la mente, como recuerdos, miedo, inconsciencia, alegría, etc., sin importar qué actividad opere, no es más que el carrusel mismo de actividades del *antakarana* puestas en funcionamiento. Los pensamientos, antes de ser *algo*, son una actividad probabilística en la que simultáneamente conviven con los restantes que hay en la memoria. Cualquier constructo mental pugna por aparecer en forma de pensamiento, sentimiento, emoción o pasión, y así, tal como se ha comentado, antes de que un objeto mental sea reconocido como tal, convive con los restantes existentes en la mente de forma simultánea.

Si las infinitas probabilidades de construir pensamientos conviven todas simultáneamente en el *antakarana*, y se expresan secuencialmente una tras otra en función de los hábitos o condicionamientos que la conforman, así entonces la mente puede ser descrita como una ecuación de onda probabilística que manifiesta la superposición de los infinitos pensamientos posibles. La mente posee una conformación basada en condicionamientos que inducen a una persona a actuar y reaccionar de una determinada forma. Pero antes de la respuesta específica secuencial que deba darse en un momento dado como reacción a un evento presencial, todos los posibles pensamientos conviven superpuestos a la espera de que la voluntad *colapse*[52] el sistema de hábitos y manifieste un pensamiento específico.

El colapso de la función de onda

Los pensamientos se guardan en la memoria como información puntual, pero también como flujo de relación entre ellos. Los pensamientos solo son «algo» en el momento en que son pensados, esto es, en el instante mismo donde la voluntad pone en marcha la fuerza que les induce a existir. Antes de ser pensado, un pensamiento es un amasijo de probabilidades de información cognitiva superpuesta.

Recordar un evento implica ir a un archivo de la memoria donde está dispuesto el nombre memorizado y la forma en la que se expresa dicho evento. El evento «silla», por ejemplo, está guardado como información puntual que, a la vez, se interrelaciona con las informaciones madera, color, textura, peso, línea y miles de informaciones más; es decir, el objeto «silla» posee implícitamente infinitas informaciones dispuestas. Cada objeto de cognición es un evento compuesto por infinitas infor-

---

[52] El concepto de *colapso* o *reducción del paquete de ondas* es una de las ideas vanguardistas de la física cuántica. Tiene que ver con el hecho de que múltiples estados energéticos conviven simultáneamente hasta el momento en que se precipita uno de ellos a causa de la presencia del observador.

maciones[53]. Sin embargo, no todas las informaciones son advertidas por la mente al pensar en un objeto específico. La interrelación de las cuatro funciones mentales (*budhi*, *chitta*, *manas* y *ahamkara*) que se establece en el estado de Vigilia pensante y sintiente[54] advierte una modalidad dialéctica de cognición, que sirve como base de estudio en la filosofía occidental. Del objeto «silla» detectamos tan solo las características mentales que le permiten sobresalir sobre otros pensamientos como sofá o taburete, e incluso de algunos conceptos más lejanos como televisión o casa. Únicamente advertimos en la mente un reducido paquete de informaciones lo suficientemente firmes como para modelar la idea «silla» que la componen. Las restantes informaciones son excluidas por la mente cuando ha sido pensado el objeto. Es la voluntad el acto que la consciencia individual usa para reducir el paquete de informaciones a un simple conjunto de características que se denotan como el aislado pensamiento «silla».

El Advaîta plantea que todas las informaciones que componen el mundo existen como objetos y, a la vez, como flujo integrado entre ellos. Así, la manera más clara de determinar la cognición de un objeto no es su apreciación dialéctica, donde solamente se advierten características específicas que sobresalen definiéndolo, sino ampliar el espectro del objeto y denominarlo como No-dual: un universo de informaciones integradas entre sí gracias a que ellas son esencialmente una sustancialidad de la Conciencia. La intromisión de la voluntad, como acto *direccionador* de la cognición, *colapsa* el universo de infinitas informaciones que conforman los objetos, reduciendo la cogni-

---

[53] Aconsejamos al lector que repase los conceptos del capítulo 4, «La naturaleza de la información».

[54] El estado de Vigilia pensante y sintiente se caracteriza por una apreciación cognitiva dual. El proceso cognoscente es eminentemente dialéctico y se refiere al Estado de Conciencia en el que normalmente todo individuo vive. En él nace, se desarrolla y muere, sin atisbar estados cognitivos asombrosos como los que operan en Concentración No-dual y Meditación, asociados a formas de cognición No-duales.

ción a un mínimo conjunto de características mentales recorda-
das con *nombre* y *forma*.

Un electrón, por ejemplo, está definido claramente por una
ecuación de onda que determina las simultáneas y superpuestas
probabilidades de energía en las que se puede expresar, pero,
antes de que el observador intente detectarlo mediante una sonda, los posibles estados energéticos que manifiesta son infinitos. Así funciona igualmente la mente: la infinitud de informaciones que conforman cualquier idea se colapsa ante la
presencia del deseo o la voluntad del individuo, haciendo que
se destaquen solamente unas pocas características. La consecuencia de dicho comportamiento mental es que se reduce el
conocimiento de un universo a una expresión netamente dual,
impidiendo el atisbo de otras formas de interrelación de la información, tal como puede ser la experiencia cognitiva No-
dual.

LAS CUATRO ACTIVIDADES FUNDAMENTALES DEL *ANTAKARANA*

Las cuatro funciones del *antakarana*, la mente, no son un
cierto tipo de pensamiento, sino aquello con lo que se conforma
cualquier pensamiento. Dichas funciones primarias —*budhi*,
manas, *chitta* y *ahamkara*— son previas a cualquier pensamiento, tal como los *quarks* son previos a cualquier estructura
material de un núcleo atómico.

Cuando hablamos de mente nos referimos, una vez más, a
la mente-cerebro. El cerebro es la base fisiológica de las funciones sutiles de la mente. Mientras a la mente el Vedanta la
considera constituida de materia sutil, el cerebro es construido
por materia densa[55]. Existe una completa relación entre el as-

---

[55] Desde el modelo cosmológico oriental, existen tres tipos de materia que conforman no solamente los cuerpos existentes, sino los universos que contienen a dichos cuerpos. La materia más etérea que existe es llamada *causal*, conformada por

pecto mental sutil y su contraparte física, de manera que las actividades de una modifican la otra; no obstante, se considera que la mente, siendo sutil, es previa a su contraparte cerebral densa[56].

Como hemos visto previamente, el *antakarana* es un conjunto de cuatro actividades que al entremezclarse producen todo tipo de actividad mental. Al igual que los *quarks* al mezclarse otorgan características de carga eléctrica y magnética, *spin*, masa, tipo de fuerza, etcétera, a los núcleos atómicos, asimismo la mente produce todos los variados tipos de pensamientos, sentimientos, emociones y pasiones que existen. La función mental, como *antakarana*, se define como el instrumento *sutil* y *denso* capaz de *detectar*, *fijar*, *relacionar* y emitir juicios de *síntesis*[57] respecto a la información que se detecta a través de

---

la *prakriti* en estado primigenio antes de entremezclarse. La *prakriti* es la unión de las tres *gunas*, o cualidades primarias de la materia. En orden descendente, y más densa aún, está la materia *sutil*, con la que se conforman las ideas. Las ideas están compuestas de diversas mezclas de las *gunas* que conforman previamente la *prakriti* o materia *causal*. La materia *densa* es la más grosera de todas y la percibimos a través de nuestros sentidos físicos. La materia *densa*, aquella con la que están constituidos todos los cuerpos materiales que conforman el universo denso, es considerada burda o grosera en razón de que es más inestable. El lector que desee profundizar sobre este tema puede consultar el libro *Vedanta Advaita*, Sesha (www. vedantaadvaita.com).

[56] Para el Vedanta, primero existe la función y posteriormente nace el órgano mediante el cual la función puede establecerse. Por esa razón, y debido a que el mundo ideal constituido de materia sutil es más estable que el mundo denso, se acepta en la filosofía oriental que la mente es previa a las funciones cerebrales.

[57] Las características del *antakarana* o mente, relacionadas con algunas funciones mentales o psicológicas estudiadas en Occidente, son, de forma sucinta:

Chitta: Memoria, capacidad de impedir que la información detectada a través de los sentidos sea olvidada.

Manas: Capacidad de relacionar la información existente en la memoria. Tiene que ver con el aspecto tesis-antítesis del juicio dialéctico estudiado en la filosofía. Se relaciona con la característica de *duda* del aspecto psicológico de la mente.

Ahamkara: Constituido por el sentido epistémico de individualidad, el *yo*; el sentido psicológico del *ego* y el sentido estructural de la individualidad, el *individuo*.

los sentidos o que se evoca a través de la memoria. Desarrollando el análisis de las cuatro funciones diremos:

Chitta: Esta actividad denominada «memoria» se parece a la función que también en un ordenador cumple la memoria, es decir, fija la información que llega a través de los sentidos para evitar que sea olvidada. En el caso del ordenador, la información proveniente de algún dispositivo como cámara, ratón, teclado, etcétera, se fija para posteriormente procesarse. También suele denominarse a *chitta* como «materia mental», en razón de que la base total de la mente es la información fijada que, según las variadas opciones de funcionamiento de la mente, pueden no solamente evocarse sino transformarse. La mente esencialmente es información fijada, pero el sistema cognitivo sería completamente absurdo si esta información no pudiera relacionarse y generar síntesis. El concepto de «memoria a largo plazo» o «inconsciente» también tiene que ver con *chitta*, pues toda información experimentada desde los umbrales mismos de la existencia está grabada, pero solamente se tiene un posterior acceso consciente a una parte de ella.

Manas: Esta actividad mental denominada «razonamiento» tiene como función básica interrelacionar la información previamente fijada, permitiéndole entrelazarse. También suele denominarse a *manas* como actividad de «duda», por la constante operatividad tesis-antítesis que induce y el consiguiente e incesante movimiento de la materia mental —*chitta*—, similar al incansable oleaje del mar. Esta actividad de continuo movimiento de *manas* produce una actividad que, a nivel psicológico, genera todo tipo de sentimientos, pasiones, emociones y pensamientos, pero todos ellos inestables y sustituibles unos

---

Budhi: Aspecto sintético del juicio dialéctico que estudia la filosofía. También se refiere al aspecto de la mente que «refleja» la Conciencia No-dual y la convierte en *consciencia individual*.

por otros. Es debido a la actividad de *manas* que el ser humano se agobia tanto con su mente. El lector podrá notar en carne propia que la mente siempre está en insufrible actividad pensando sobre cosas innecesarias. El *manas* se parece a la plataforma de programación —*software*— que usan los ordenadores, mediante la cual la información es administrada en todo el sistema.

Ahamkara: Esta actividad mental se denomina «yoidad». La yoidad, o el sentido del «yo», es un tipo de actividad primaria del *antakarana* que, al relacionarse con otras cualidades mentales primarias, genera sentido de pertenencia sobre el proceso mismo de la cognición. Basta comprar cualquier objeto en un supermercado e inmediatamente nos relacionamos con sentido de pertenencia hacia el objeto adquirido. Mientras el objeto no haya sido pagado en la caja del supermercado, aún forma parte de la tienda. El sentido de apropiación que opera en la actividad mental no solamente aparece como «yo», sino también en forma de pronombres personales: tú, él, nosotros, vosotros y ellos; cualquiera de estos pronombres determina sentido de apropiación de la información. La actividad *ahamkara* inunda el procesamiento mental del ser humano, forjando un profundo sentido de egoísmo en su naturaleza y promoviendo, esencialmente, el egoísmo en la cognición. Debido a su constante presencia en los procesos cognitivos de la mente humana, nuestra cultura acoge un tipo de planteamiento económico, científico, filosófico, cultural y demás altamente egocéntrico.

El *ahamkara* se asimila a la sal que se encuentra en los mares; sin importar en qué región bebamos agua de mar, esta será necesariamente salada. De esta manera, tiene que ver con el sentido del «yo» con el que se tiñe cualquier percepción, y lo cierto es que, aunque a veces las percepciones no muestran claramente el sentido egoísta que en ellas se plantea, casi siempre

se advierten modificaciones de ese sentido como son la intencionalidad o el deseo. Así, aunque el «yo» no pareciera estar
presente en todas las cogniciones, lo hace subterráneamente a
través de aspectos mentales como la fuerza de voluntad.

Budhi: Esta función mental tiene que ver con la actividad
cognitiva del *saber mismo*, con el acto de síntesis que opera
como conclusión de todo proceso cognitivo, a saber, con el acto
de aprendizaje mismo a través del cual el ser humano produce
saber. Cuando la agitación de la materia mental —*manas*— se
detiene momentáneamente y adopta una forma previa conocida, un *nombre* o una *forma*, deteniéndose momentáneamente la
duda, a ese instante cognitivo se le denomina *budhi*. En ese
momento aparece el *saber*; antes solamente hay duda; por ello
el Advaîta establece que mientras hay duda no hay conocimiento, y mientras hay conocimiento no hay duda. Este instante de
no duda es el que usa la práctica meditativa del Advaîta para
deslizar la atención entre la muerte de un pensamiento y antes
del nacimiento del siguiente y descubrir así los inimaginables
mundos que se presentan en los estados No-duales.

Es pertinente señalar que la atención se sostiene en el *budhi*,
pero el *budhi* no es la atención, es la contraparte sutil donde ella
se asienta. De forma análoga, la consciencia individual tiene
soporte en el *budhi*, pero el *budhi* no es la consciencia individual, es el órgano que la sostiene, tal como la superficie de la
luna sostiene la luz del sol que se refleja a la tierra.

Cuando se vierte agua embarrada en un tanque, tiende a
asentarse lentamente; con el paso del tiempo se ve cristalina y
logramos observar los detalles del fondo del tanque. Evidentemente, las partículas de polvo requieren de minutos u horas
para que, gracias a la gravedad, finalmente se asienten. Imagine
el lector que este proceso de asentamiento se hiciera en centé-
simas de segundo. Pues bien, cada pensamiento es una agitación del tanque que produce un característico movimiento; cada

movimiento del ejemplo se asimila al *manas*, y cada instante de vislumbre cristalino del fondo puede asociarse al *budhi*. Gracias a la limpidez del agua sabemos qué hay en el fondo; así, gracias a la actitud de aquietamiento momentáneo de la mente podemos saber que un objeto percibido en el presente corresponde a uno previamente conocido.

CUANTIZACIÓN DE LA ENERGÍA

La cognición dual, al igual que la energía, está cuantizada. Sabemos que Planck realizó una suposición, hace más de un siglo, que revelaría una nueva forma de interpretar el universo. Afirmó que la energía solamente podía expresarse en fracciones discretas múltiplos de una constante[58]. Ello llevó a establecer un conjunto de nuevas pautas en el mundo de las partículas subatómicas, al que se denominó «mecánica cuántica».

La mecánica cuántica confinó la expresión discreta de la energía. La imposibilidad de establecer una distribución secuencial de infinitas frecuencias de onda llevó a los científicos de aquel entonces a sorprenderse, pues pareciera que la naturaleza estaba confinada, delimitada a expresiones energéticas específicas y definidas; como si un ser humano estuviera obligado a caminar con pasos que fueran múltiplos de una distancia mínima única.

La cognición dual, desde la perspectiva del Advaîta, también está confinada y solamente puede establecer relaciones sobre eventos previamente conocidos. Además, existe una energía mínima y elemental que puede establecerse en el pensamiento: el «yo». El «yo» es el pensamiento mínimo que puede ser establecido por la mente. *Ningún* ser humano puede fraccionar el pensamiento denominado «yo». Con el fin de aclarar este

---

[58] Véase nota 13.

párrafo explicaremos a continuación las razones por las cuales
el Vedanta llegó a las conclusiones previas.

El Vedanta hace un análisis de la mente muy propio y específico de acuerdo a las observaciones que por milenios realiza-
ron avezados conocedores de sí mismos. Considera de base
varias suposiciones:

1. La mente está compuesta de cuatro funciones primarias
   básicas —*budhi*, *manas*, *chitta* y *ahamkara*—, que gracias a su dinamismo integrador producen pensamientos,
   sentimientos, emociones y pasiones.
2. La mente está constituida de material sutil. Dicha materia sutil posee una contraparte física a la que denominamos cerebro, y en general todo el sistema nervioso.
3. La mente es esencialmente memoria en asociación.
4. La materia mental solamente adopta pensamientos previamente predeterminados y existentes en la memoria.

De las tres primeras suposiciones ya hemos hablado previamente; pasaremos a explicar la cuarta.

La materia mental se asimila en su composición a una sustancia sutil, luminosa y plástica. Se parece, esencialmente, a
una masa brillante de luz metalizada, como una plastilina metálica y brillante que puede adoptar innumerables formas. Desde el nacimiento, todo niño se enfrenta a numerosas informaciones que detecta a través de sus sentidos y, gracias a ello, va
conformando una base de memoria a la que más adelante, cuando empiece a hablar, podrá asignarle *nombres* y *formas* específicos.

A medida que el sistema nervioso del infante madura, podrá
empezar a realizar asociaciones entre eventos presentes y pasados. El conjunto memorístico de datos le servirá como base
para establecer sus juicios dialécticos. Incluso, ya de mayor,
creerá que conocer es tan solo la coincidencia que hay entre un

evento del presente —tesis— y su correspondencia con el *nombre* o la *forma* que lo distingue en su memoria —antítesis—, para que dicha coincidencia conforme un juicio de valoración de realidad —síntesis—. Este modelo de conocimiento se denomina dialéctica y es sobre el cual se estudia y establece la cognición en la epistemología occidental.

Este proceso dialéctico es aceptado por el Vedanta, solo que lo considera el más pobre y lento de todas las formas en las que se pueden establecer juicios de realidad. El Vedanta plantea y sistematiza formas de cognición que Occidente jamás ha vislumbrado, y, tal como ya hemos apuntado, la más emblemática es la cognición No-dual.

Para el Advaîta el proceso dialéctico se parece a la manera en que se construye el juego de imágenes en las nubes. ¿Quién no ha mirado al cielo jugando a establecer qué formas delimitan las nubes? Acostados y atentos, observamos con el paso del tiempo que una conformación se parece a la cabeza de un caballo o a un castillo. El componente gaseoso de las nubes va adaptándose y coincidiendo con alguna forma mental previa del observador. Cuando coincide definitivamente, preguntamos juguetonamente al vecino si su juicio coincide con la apreciación previa personal. Ahora suponga el lector que el proceso de adaptabilidad de las nubes es sorprendentemente rápido; las nubes pueden adoptar formas variadas pero los juicios solamente podrán verificarse cuando haya coincidencia entre las formas aéreas y las establecidas en la memoria del perceptor.

Para el perceptor, el instante mismo de la *coincidencia* entre una forma del cielo, como una cabeza de caballo o un castillo, y su representación mental histórica implicará un instante de cognición; el Advaîta llamaría a ese instante *budhi*. Así, entonces, la materia mental es un agente plástico y luminoso que puede adaptarse y tomar la forma, el sonido, el olor, el sabor y el tacto de cualquier evento previamente conocido, pero la mente no podrá conocer *por sí misma*, es decir, la materia mental no podrá adoptar una forma momentáneamente estable si no existe un *nombre* o una *forma* previa a la que adaptarse, lo que constituye, precisamente, la modalidad que llamamos «dialéctica». Planteamos que existen otras modalidades de cognición diferentes a la dialéctica, pero que para ello es necesario establecer otras formas de percepción asociadas a otros Estados de Conciencia.

En resumen: El proceso dialéctico de cognición impide a la mente adoptar un abanico de infinitas modalidades cognitivas. Su representación solo atina a expresarse en función de que existan elementos previos con los cuales poder comparar la percepción. Por otra parte, el «yo» es la unidad mínima de asociación que el sistema nervioso, en su gasto energético, puede establecer y, al igual que ocurre con la constante de Planck, la energía que el sistema emite para construir el sentido del «yo» es la base esencial que conforma cualquier otro pensamiento.

INDETERMINACIÓN O INCERTIDUMBRE

Por refrescar el concepto: la indeterminación que establece la cuántica tiene que ver con la imposibilidad de poder medir de forma simultánea todas las variables físicas de un sistema subatómico. El hecho mismo de plantear que la energía se expresa de forma cuantizada introduce en los sistemas cuánticos una profunda incertidumbre respecto a la naturaleza de las constantes físicas del sistema antes de que estas sean medidas. La incertidumbre llega a ser de tal magnitud que, desde la perspectiva teórica, una partícula subatómica, mientras fluya en la fracción de indeterminación, puede teóricamente localizarse en todos los lugares del universo o fluir simultáneamente en el pasado, en el presente y en el futuro.

La constante de Planck es la fracción mínima energética que la naturaleza establece, y esta constante se convierte en un limitante que advierte la naturaleza en su actividad y funcionamiento, impidiendo poder determinar las características totales físicas de un sistema cuántico. Desde la perspectiva del Advaîta, también existe un sesgo de incertidumbre en la cognición, tal como lo establece teóricamente la física cuántica.

Según establecimos en la sección previa, en el análisis de la cognición desde el punto de vista del Advaîta, también existe una fracción que la mente establece como mínima porción a ser pensada; nos referimos al sentido de yoidad. El «yo» es el pensamiento más ancestral que existe en la memoria y, a la vez, es la porción mental más pequeña que puede establecer la mente mientras dialectiza. El «yo», evidentemente, es una fracción cognitiva compuesta de infinitas informaciones, tal como lo son todos los potenciales campos de cognición o sistemas de información que pueden ser establecidos. Sin embargo, el «yo» es una idea que la mente no puede fraccionar en partes, como sí lo hace con cualquier otra.

Sin importar qué objeto escoja el lector para ser conocido, requiere necesariamente de una energía asociada a su sistema nervioso para poder procesar dicha idea. La fracción mínima ideal que puede ser conocida y que la mente establece en su funcionamiento se denomina «yo». El gasto que el sistema nervioso establece para el reconocimiento del propio «yo» es el más primario y básico que existe. Si existiera una fracción disponible para ser pensada cuya expresión fuera aún más pequeña, la mente la convertiría en base de su propia estructura, tal como en la cuántica la constante de Planck se convierte en el múltiplo básico de la expresión de la energía que un sistema puede albergar.

He aquí, entonces, que en la cognición existe, como base natural de su funcionamiento, un estado de indeterminación que impide describir todas las cualidades de un sistema cognitivo en un instante específico. La imposibilidad de conformar ideas más pequeñas que las asociadas a un «yo» convierte al mismo «yo» en un evento relevante en la búsqueda del conocimiento de la realidad, en un impulso y, a la vez, en un límite de todo aquello que puede ser conocido. Es por esta razón por la que, para todas las tradiciones orientales profundas, el análisis del «yo» se hace presente en su trasfondo metafísico. Por contra, Occidente asume una actitud despectiva con respecto al manejo que al «yo» se le da en Oriente. Lo cierto es que este concepto que Occidente tiene del manejo que el pensamiento oriental hace con respecto al «yo» tiene una razón de ser: en nuestra cultura occidental el «yo» es tenido en muy alta estima. Se supone que no solamente es el agente donde reside la Conciencia, sino que además es la base sobre la cual se nuclea el comportamiento del ser humano. Así, cuando la psicología habla de Conciencia, evidentemente presume que se refiere a la consciencia del «yo».

La naturaleza del «yo»

Pareciera que existe una falta de entendimiento entre los sistemas de pensamiento oriental y occidental respecto a la naturaleza del «yo». Desde el análisis occidental el «yo» se establece como una actividad funcional consciente y primaria, pero ese mismo análisis no alcanza aún a establecer el verdadero rol que desempeña en la cognición. De esta manera, el «yo» es tan oscuro pero, a la vez, tan necesario como lo son los *quarks* en el mundo de la cuántica. Nadie ha visto un *quark*, pero se presume que son la base misma de la materia y, por lo tanto, de todo constitutivo del universo. Igualmente, el «yo» es una necesidad teórica, pues la cognición establece de forma natural un sentido de individualidad, pero, al igual que en la cuántica, en la psicología nadie ha identificado al «yo»; su fracción teórica se presume válida, aunque nadie sepa dónde vive o cómo se conforma.

Desde la perspectiva del Advaîta, el «yo» es una actividad de la mente denominada *ahamkara*, que se implanta en la percepción misma cuando conocemos un evento cualquiera. Así como los objetos se impregnan de forma espontánea de los olores fuertes que existen a su alrededor, de la misma manera la mente se impregna de yoidad al procesar su actividad. El Vedanta está de acuerdo con la concepción occidental respecto a la naturaleza indescifrable del «yo», pero establece que, como limitante de la cognición, emerge solamente en el estado dual de Vigilia pensante y sintiente.

Los cinco Estados de Conciencia

La indeterminación en la medición cognitiva se establece a causa de la unidad egoica que la mente acepta como fracción mínima que puede ser pensada. El Advaîta afirma que existen estados de cognición donde el universo puede revelarse desde otras diferentes ópticas: basta establecer *diversas* unidades cognitivas cuantizadas para establecer nuevos y diversos universos cognitivos. Si la mente pudiera establecer otros Estados de Conciencia, cuya base fueran unidades de yoidad diferentes, se crearían tantos universos cognitivos como bases estables egoicas existieran. La información se nuclearía de tal forma que podríamos establecer relaciones desconocidas en la percepción y daríamos vida a nuevas realidades, en razón a los modos de asociación de información que en otros Estados de Conciencia no priman.

De esta manera, el Advaîta establece cinco posibles estados de cognición, pero cada uno de ellos con una base egoica diferente. Es decir, la expresión yoica que acostumbramos a experimentar en nuestro común estado de procesamiento dialéctico de información no es necesariamente la fracción base que se vislumbra en otros estados de cognición. Por tal razón, el «yo», tal como lo conocemos y experimentamos, no es la más estable realidad, sino más bien una paradoja que existe en la mente mientras la mente-cerebro posea una «cuantización egoica» definida para ese Estado de Conciencia.

El Advaîta afirma que, si la percepción del tiempo termodinámico coincide con la reacción de tiempo psicológico, es decir, cuando los acontecimientos que se suceden están acompañados de una reacción psicológica acorde a estos mismos eventos, entonces la percepción se modifica y establece nuevas relaciones objeto-sujeto. Por lo tanto, el «yo», como actividad dinámica de la cognición, varía, y la mente-cerebro puede establecer una nueva forma de integración consciente de la información, dando nacimiento a otros Estados de Conciencia. Dicho de otra manera: en cada uno de estos Estados de Conciencia se manifiesta una modalidad de fracción cuantizada primaria que produce su peculiar indeterminación, esto es, cada Estado de Conciencia posee entonces su propio «yo», su propio agente de percepción.

TABLA 1
Diversos «yoes» según cada Estado de Conciencia

Estado de Conciencia	Unidad asociada al Estado
Vigilia pensante y sintiente	Yo, ego o sujeto
Sueño	Sujeto onírico
Concentración	Exín
Concentración No-dual	*Saksím* (No-dual)
Meditación	*Atman* (No-dual)

La tabla 1 muestra las unidades básicas de cognición que pueden llegar a establecerse según el Estado de Conciencia. Los universos que se experimentan en cada Estado de Conciencia se revelan en función de la «unidad cuantizada yoica» que sirve como base de su construcción específica. Tal y como se ha anticipado en el apartado anterior, el Advaîta plantea cinco Estados de Conciencia en función de cinco posibles apreciaciones egoicas existentes.

Estado de Vigilia pensante y sintiente: Se asemeja en un todo al estado común de la humanidad. El mecanismo más frecuente de cognición es el proceso dialéctico; en dicho proceso la cognición determina su validez en función del mecanismo de comparación entre un evento percibido y la representación previa afincada en la memoria. Cuando ambas coinciden, se emite un juicio al que se denomina síntesis.

En este estado existe la presunción de que lo percibido es diferente del perceptor, por lo que se establecen relaciones duales entre los eventos conocidos. No existe un encadenamiento de la información diferente a la opción dual. El universo se expresa evolucionando desde el pasado y en dirección al futuro y, así, el tiempo se expresa de forma exclusiva en dirección de la entropía, es decir, en dirección del desorden de la materia.

El «yo», como base de la estructura del estado de Vigilia pensante y sintiente, sustenta un mundo basado en un marco espacio-temporal definido, que solo permite la cognición de eventos asociados a dicho marco. Desde ahí, la representación de realidades asociadas a mecanismos de cognición no secuenciales ni dialécticos se toma por falsa, ante la imposibilidad de verificarlos. He aquí que las potenciales realidades simultáneas se desechan, pues se presupone que no existen experiencias cognitivas que avalen su realidad. Se supone que nadie ha experimentado realidades de tal magnitud, razón por la cual se desprecian por inválidas o inexistentes.

Expresiones cognitivas como la intuición o la videncia se descartan, pues el método de conocimiento escogido como exclusivamente válido en este Estado de Conciencia requiere la observación de eventos repetibles y una descripción empírica. La potencial acomodación de información de manera simultánea y ubicua y, por tanto y entre otras, las percepciones de información asociadas a lo infinito o lo eterno no tienen cabida, debido a que la mente no aglomera información bajo estas prerrogativas. Así pues, este Estado de Conciencia detecta exclusivamente información causal[59], que relaciona con información espacial[60], y ambas están determinadas por apreciaciones y conceptos limitados a *nombre* y *forma*[61]. El estado de Vigilia pensante y sintiente impide la aparición de configuraciones de in-

---

[59] El estado de Vigilia pensante y sintiente nuclea información exclusivamente causal. La información causal es aquella que existe solamente en función de alguna otra información previa. Un envase de vidrio, por ejemplo, se origina necesariamente en sílice procesado y transformado por diversos procesos químicos e industriales. No existe vidrio sin procesos previos. Así, todo lo existente tiene causa en algún evento anterior. En el estado de Vigilia pensante y sintiente no existe la posibilidad de detectar cognitivamente ningún tipo de información que no sea causal. El marco espacio-temporal está definido de tal manera que cualquier información no asociada a dicho marco se hace inexistente para la mente. Para analizar detalladamente el limitante causal remito al lector a *La Paradoja Divina*, Sesha (www.vedantaadvaita.com).

[60] El estado de Vigilia pensante y sintiente nuclea información exclusivamente espacial. La información espacial es aquella que convierte a la información que compone un objeto en fracciones de este o en un todo de otras. Todo objeto en el estado de Vigilia pensante y sintiente es un todo constituido de partes o una parte de un todo. La mente solo es capaz de detectar información con estas características y cualquier otro tipo de cognición se vela, tal como espontáneamente y debido a la funcionalidad del órgano visual se desechan las frecuencias de onda diferentes a las del espectro visible. Para analizar detalladamente el limitante espacial, remito al lector al libro de la nota anterior.

[61] El estado de Vigilia pensante y sintiente nuclea información cuyas fronteras cognitivas están limitadas a *nombres* y *formas* específicos. Todo objeto percibido está asociado a una definición tácita en el marco espacio-temporal. Los sentidos y la mente determinan las magnitudes en las que la información puede ser conocida, dando a cada percepción una caracterización en peso, color, suavidad, etcétera. Dicha limitación se establece genéricamente a través del planteamiento mental asociativo de *nombre* y *forma*. Los sentidos, por su actividad natural, delimitan la información conocida debido a los límites finales que tiene lo conocido. Para analizar con detalle el limitante de frontera, remito al lector al libro que aduce la nota 59.

formación que no estén determinadas por estos limitantes[62] previamente analizados.

Estado de Sueño: Nos referimos a la experiencia cognitiva que sucede mientras dormimos. El sujeto asociado a este estado no es el «yo» vigílico, sino un interlocutor al que denominaremos «sujeto onírico». Las experiencias vividas en un sueño tienen cercanía a las que se establecen en el estado de Vigilia pensante y sintiente, pero evidentemente las pautas cognitivas y el universo experimentado en el estado de Sueño no son del todo iguales a los del estado de Vigilia pensante y sintiente. En un sueño es posible vencer la gravedad y volar espontáneamente, o simplemente nacer viejo y morir joven. La característica fundamental del estado de Sueño es que el perceptor, que es el conocedor, a la vez se desdobla como lo conocido. Mientras dormimos, la mente crea el sueño, pero, a la vez, la mente es la conocedora del sueño. Sin embargo, ambos, conocedor y conocido, se advierten cognitivamente como diferentes uno de otro.

El universo que se despliega en el estado de Sueño no es causal[63]. La información que la mente crea en ese estado no tiene sentido causal, pues allí la mente no está obligada a reconocer solamente objetos que vienen desde el tiempo pasado y constituyen otros que formarán parte del presente o del futuro. Mientras se sueña es posible inventar o ver realmente el futuro, pues el marco espacio-temporal que lo constituye es diferente al del estado de Vigilia pensante y sintiente.

Mientras se duerme, la mente funciona desde una perspectiva dialéctica que origina un sentido dual de la cognición; los limitantes espacial[64] y de fronteras[65] forman parte de los cons-

---

[62] El análisis pormenorizado de los limitantes cognitivos debe estudiarse con detalle en *La Paradoja Divina*, Sesha (www.vedantaadvaita.com).

[63] Véase nota 62.

[64] Véase nota 62.

[65] Véase nota 62.

tructos mentales de este estado onírico, razón por la cual hay tantas similitudes mentales entre estar despierto y dormido, pues en ambos estados se presentan realidades duales. Aun así, debido a la ausencia de causalidad, el sujeto onírico, como unidad elemental de cognición que el sistema nervioso puede advertir en este estado, genera una multiplicidad de objetos existentes asociados a esta singular actividad. De esta manera, el universo que se advierte mientras se duerme pone en evidencia otras características cognitivas que la información del estado de Vigilia pensante y sintiente no puede plantear.

Estado de Concentración: Este estado se parece totalmente a la experiencia que coloquialmente se denomina «estar concentrado». Cuando una persona se concentra en una actividad cualquiera, enfoca su atención de tal manera que cierta información de su campo cognitivo resalta y las otras simplemente desaparecen. En el ejemplo anteriormente citado de la lectura con atención sostenida de un libro, hemos visto que podemos abstraernos tanto en él que, por momentos, no detectamos el paso de las hojas ni los dedos que realizan dicho movimiento. Pasados unos pocos instantes o algunos minutos, solemos perder la concentración en el libro y nuevamente regresamos y notamos nuestros propios dedos o cualquier otra información. La Concentración focaliza la atención respecto a ciertos objetos resaltándolos y, a la vez, impide la aparición de otros. Asumimos que esta modalidad es una actividad benéfica, pues favorece una reacción válida respecto a la cognición que se realiza.

¿Podría un ser humano permanecer en un constante estado de Concentración? El Advaîta analiza profusamente este caso y proyecta una respuesta altamente interesante: sí, sí es posible permanecer en constante estado de Concentración interna y externa. Cuando la Concentración mental es continua, la percepción varía estableciendo la aparición de un universo con nuevas características. La información así conocida no es diferente a la que existe en otros Estados de Conciencia, simplemente se advierten agrupaciones de información que antes eran imposibles de conocer.

La unidad cognitiva de dicho estado la denominamos *Exín*. El *Exín* es el sujeto del estado de Concentración. Este particular sujeto de percepción difiere del sujeto del estado de Vigilia pensante y sintiente y del sujeto onírico del estado de Sueño. Su peculiar constitución hace que la mente integre nuevos elementos cognitivos y, por ende, abra las puertas a un nuevo tercer Estado de Conciencia. El universo se recrea bajo nuevos parámetros cognitivos que, en parte, se parecen a otros Estados de Conciencia, los cuales permiten el nacimiento de nuevos órdenes de realidad.

En el estado de Concentración, el limitante causal que determina que el universo se exprese en fracciones que constituyen todos o en todos constituidos por fracciones se fractura, dando unos visos de estabilidad a la percepción que no poseen los Estados de Conciencia previos. La continua atención a un objeto hace que resalten ciertas condiciones asociadas a su peculiar sentido de existencia. El mundo, visto así, se torna más real a causa de la estabilidad que opera ahora en la cognición.

La presencia de la Realidad se atisba cada vez con mayor claridad e intensidad. Un universo cognitivo constituido de «fracciones cuantizadas cognitivas» cada vez más pequeñas introduce la percepción de un universo cada vez más intenso. La presencia del *Exín*, como sujeto de percepción del estado de Concentración, requiere que el sistema nervioso pueda usar una fracción cada vez menor de energía para instaurar la realidad mental que se atisba. Así, poco a poco, la Concentración se estabilizará y dará espontáneamente paso a los terrenos de la No-dualidad en el estado de Concentración No-dual.

Estado de Concentración No-dual: Este estado permite detectar cognitivamente una información delimitada y experimentarla como una realidad No-dual. La unidad egoica de este tipo de percepción es denominada *Saksím*. Esta unidad cognitiva, debido a que difiere del *Exín*[66], el sujeto[67] o el sujeto onírico[68], detecta información desconocida en otros Estados de Conciencia. El *Saksím* es una unidad elemental, pues el sistema nervioso en este estado de cognición no puede articular una actividad cognitiva menor a dicha idea. Al igual que en los demás Estados de Conciencia, la unidad elemental cognitiva es la causante de la información detectada, en razón de que el universo de información se reordena en función de la magnitud del agente de percepción del estado. La característica fundamental del estado de Concentración No-dual es la aparición consciente de la información entrelazada en forma No-dual.

La información No-dual permite que el agente de cognición se encuentre en todas las partes del campo cognitivo. Normalmente, en los Estados de Conciencia previos, el agente de cognición ocupa una zona del campo. En el estado de Vigilia pensante y sintiente, el sujeto se sitúa dentro de la periferia sensoria, haciendo que el «yo» se sitúe en un lugar desconocido *dentro de mí*. Igual pasa con el sujeto onírico en el estado de Sueño. En el estado de Concentración, el *Exín* se revelará ocupando en la práctica de la meditación interior la zona de *atrás* del campo de percepción, mientras que la nada o un vacío lleno de atención se sitúa *delante* de él. Normalmente el agente de cognición ocupa, en los estados duales, una zona del campo, pero en el estado de Concentración No-dual ya no es así.

En la Concentración No-dual, el *Saksím*, como agente activo del Estado de Conciencia, se distribuye uniformemente en todo el campo de cognición, tal como un gas se difunde uniformemente en una habitación cerrada. La característica funda-

---

[66] Unidad elemental cognitiva del Estado de Conciencia de Concentración.
[67] Unidad elemental cognitiva del Estado de Conciencia de Vigilia pensante y sintiente.
[68] Unidad elemental cognitiva del Estado de Conciencia de Sueño.

mental de este Estado de Conciencia es que el sentido de ser agente de percepción perdura en el campo, al igual que perdura el sentido de existencia de los objetos del campo, es decir, tanto el conocedor como lo conocido perduran, pero la actividad consciente conoce simultáneamente ambas actividades. Lo conocido no se diferencia del conocedor, y el conocedor no se diferencia de lo conocido.

Basta que aparezca en la cognición el más mínimo atisbo asociado al esfuerzo cognitivo de los estados duales y la No-dualidad se diluye, para dar paso a un universo dual donde la voluntad deshace la percepción No-dual y desencadena la cognición dual.

La cognición No-dual se parece en un todo a la ecuación de onda de Schrödinger. Allí, la superposición de estados energéticos ocurre simultáneamente, de tal forma que la expresión «probabilidad» es la más adecuada para determinar cuál de los estados superpuestos se presentará. La voluntad del observador fracciona la simultaneidad No-dual, tal como la voluntad del observador colapsa la función de onda que define la expresión energética de una partícula subatómica.

En ambos casos, tanto en la ecuación de onda como en la expresión No-dual del estado de Concentración No-dual, la ausencia de un agente cognitivo aislado e independiente permite a la información un rango de ubicuidad en el espacio y simultaneidad en el tiempo que, de otra manera, no se podría expresar. Podríamos afirmar que la cognición No-dual se comporta como las partículas cuánticas, o que las partículas cuánticas adoptan una representación No-dual entre ellas.

El estado de Concentración No-dual permite la experiencia de un universo fluyendo sin delimitación alguna en el campo donde la cognición ocurre. Por esta razón, la exaltación que provoca dicha percepción es francamente inusual. El universo de sentimientos y emociones humanas queda francamente corto para expresar la cualidad de la inmensidad consciente de un universo que acontece, más allá del marco espacio-temporal en el que la percepción dual está normalmente encasillada. La ausencia de un tiempo psicológico que fraccione la percepción en eventos pasados, presentes y futuros, aunado todo a un espacio carente de lugares aislados, hace que el universo de objetos adquiera un rasgo de continuidad y realidad que ningún otro Estado de Conciencia previo puede generar.

Estado de Meditación: Este es el único Estado de Conciencia donde el agente de cognición no es una fracción elemental, ni el universo una interacción de partes cognitivas. El universo se conoce a sí mismo, esto es, el agente de percepción es el mismo universo de objetos existentes. Al agente de cognición, que a la vez es simultáneamente el universo mismo de objetos conocidos, lo denominamos *Atman*. Así, entonces, el *Atman* es el sujeto activo de la cognición en el estado de Meditación.

El *Atman* sería asimilable por completo a la ecuación general de Schrödinger, que define la integración de todos los objetos potencialmente existentes en el universo. La superposición simultánea de todos los estados energéticos posibles se equipararía a la experiencia consciente del *Atman*.

Desde la perspectiva del Estado de Conciencia de Meditación, la materia, la energía y cualquier otro evento existente no pasan de ser la sustancialidad del *Atman* mismo. Invirtiendo el razonamiento, y siendo el *Atman* un fluir no-diferenciado de conocedor y conocido, diremos que el *Atman* constituye el sustrato esencial de la materia. Dicho de otra forma, la materia es tan solo la sustancia misma de la Conciencia. Es en este Estado de Conciencia donde es posible atisbar el sentido de infinitud, de eternidad y, en general, de toda condición absoluta con la que principalmente está dotada la información que verdadera y realmente constituye el universo.

Más allá de este Estado de Conciencia, nadie nunca ha logrado una experiencia más intensa y profunda. El estado de

Meditación finalmente concluye[69] en la experiencia denominada *nirvikalpa samadhi*, un estado de cognición donde el universo entero es consciente de sí mismo en todo tiempo y lugar.

NUEVAMENTE EL GATO DE SCHRÖDINGER

Retomamos el ejemplo al que hace referencia el encabeza-
miento, ideado por Erwin Schrödinger, para profundizar en él y
así ilustrar la dificultad que implica entender realmente las partículas subatómicas y, en general, la física cuántica. En razón de
que la ecuación de onda que él mismo propuso es capaz de representar infinitos estados energéticos, y sumado esto a la interpretación de Böhr respecto a que dicha onda es una representación probabilística de estados energéticos superpuestos,
Schrödinger intentó mostrar la aparente incoherencia y falta de
lógica racional inherente a los sistemas cuánticos poseedores
de dichas propiedades.

La ciencia plantea un universo construido en partes y cada
parte se asume como independiente de las restantes. La suma
de ellas conforma objetos cada vez más grandes y complejos.
De todos los eventos existentes, se asume que los objetos materiales son la única base capaz de construir un saber real. Ni siquiera los objetos ideales son fiables, pues el método de conocimiento científico no puede escrutar las ideas como sí lo hace

---

[69] El Estado de Conciencia de Meditación, al igual que los demás estados previos, posee en sí mismo infinitos subestados de comprensión. El estado meditativo
se inicia cuando la mente de un individuo logra trasponer conscientemente los límites que su memoria a corto y largo plazo establecen. Allí, más allá de la carga instintiva y más allá de toda actividad racional, la mente se difunde sin límite. El proceso
de integración de toda la información potencialmente existente puede darse muy
rápidamente, o simplemente situar la experiencia meditativa como un estado de integración que finalmente no llega al culmen de toda cognición: el *nirvikalpa samadhi*,
o estado supremo de cognición, donde el universo, y los restantes universos, son
testigos de la absolutidad de sí mismos.

con la materia. En resumen, la ciencia plantea un universo dual y material.

Imagine el lector que la vista, por alguna enfermedad desconocida, quedara incapacitada para detectar alguna gama de colores y que, a su vez, pasara igual con los demás sentidos, esto es, que cada uno de ellos quedara invalidado para detectar fracciones de información.

Un individuo contagiado de dicha enfermedad experimentaría solo determinadas fracciones de información del mundo con respecto a aquellos que no tuvieran dicha enfermedad, e incluso algunos eventos podrían plantearse como inexistentes, a causa de que no habría manera de observarlos.

Ahora suponga el lector que la presencia de un sujeto de percepción delimita la infinita información produciendo segmentos indetectables en ella. De hecho, es lo que ocurre cuando la presencia del «yo», en razón de que es la base mínima energética con la que el sistema nervioso genera cognición, crea universos cognitivos múltiplos de su energía elemental. Así, la mente solo podrá conocer fracciones discretas de realidad, entendiendo en este caso el concepto «discreto» en su sentido matemático y, más específicamente, estadístico, es decir, como sinónimo de una variable cuya magnitud se expresa en valores que están determinados por las leyes de probabilidad. Cada sujeto, asociado a su peculiar Estado de Conciencia, construye un mundo basado en condiciones adecuadas a su propia naturaleza. Al final, todos los «yoes» interpretan fracciones de realidad entrelazadas que suelen asociarse a los diversos Estados de Conciencia.

La paradoja del gato de Schrödinger no tiene solución lógica en un mundo construido cognitivamente bajo supuestos duales y secuenciales; lo que sí denota es que necesariamente han de existir otras formas de cognición no previstas.

El ejemplo, como vimos anteriormente, incluye un gato dentro de una caja opaca; una partícula con un 50 por ciento de probabilidades de desintegrarse en un tiempo dado, un detector de la probable desintegración, un martillo y un recipiente donde se aloja un veneno. Si la partícula cuántica se desintegra, el detector lo nota y activará el martillo que romperá el recipiente, liberando el veneno y produciendo la muerte del gato situado dentro de la caja. Se presume que la partícula cuántica, junto con el gato y los instrumentos de la caja, son descritos a través de una función probabilística de onda y, por lo tanto, el conjunto posee todas las características de un sistema cuántico. Lo extraño del asunto es que el gato, antes de abrirse la caja y ser finalmente observado, presume dos estados cuánticos posibles dados por la ecuación de onda: gato-vivo, gato-muerto. Tal como ocurre con las partículas cuánticas definidas por la función de onda de Schrödinger, ambos estados se superponen. Antes de destaparse la caja y observar al gato, y según las propiedades cuánticas, el gato debe estar simultáneamente vivo y muerto. Abierta la caja podemos notar solo uno de los dos estados. Es decir, el paquete de ondas se reduce a solo una opción, lo que equivale a decir que los estados superpuestos se colapsan debido a la presencia del observador. Cuando el observador, que es externo a la función de onda que describe el sistema, interviene, todas las posibilidades se resumen en una. La consciencia del observador y su intención de averiguar el resultado del experimento provocan el colapso de la función de onda; ahora la intromisión del observador genera un cambio en el sistema, y de los múltiples estados posibles solo uno es el válido. Pero, antes de abrir la caja, ¿cómo el sistema puede afirmar la existencia de un gato-vivo/gato-muerto, cuando nuestro sentido común desecha semejante opción?

A continuación, describiremos variadas respuestas que diversos pensadores han admitido como probable solución al acertijo del gato que simultáneamente está vivo y muerto.

Los universos paralelos

Una de las interpretaciones más extrañas respecto a la paradoja del gato fue la realizada por el físico Hugh Everett, quien planteó la multiplicidad de mundos que se origina cada vez que un observador toma una decisión voluntaria; en nuestro caso, averiguar si el gato sigue vivo o no. Existirían infinitas ramificaciones ante cada colapso de la función de onda, y habría un mundo para cada una de ellas. Un gato vivo implicaría un mundo donde, efectivamente, el veneno no se vació del recipiente de cristal, pero también existiría otro mundo que se desarrollaría paralelamente con la presencia de un gato muerto. Las ramificaciones posibles serían tantas como decisiones se tomen.

Esta interpretación cobra matemáticamente unos visos de elegancia que le han permitido subsistir en el panorama del debate físico, pero las complejidades prácticas que imprime son de tal magnitud que se rechaza abiertamente. Nadie se acerca a concebir siquiera un universo de semejantes características, razón por la cual no pasa de ser considerada una interesante salida, pero poco práctica.

Descripción matemática

La interpretación matemática afirma que el sistema cuántico definido por la ecuación de onda no describe un sistema físico independiente. La descripción matemática es tan solo una aproximación teórica, un artificio que representa simplemente una medida, tal como una foto describe un suceso, pero no lo recrea totalmente porque no puede captar la vida del instante. Así, las matemáticas denotan un conjunto de probabilidades que por sí mismas solo estiman una representación estadística de los objetos. Einstein veía la cuántica, y específicamente la ecuación de onda, como un artilugio matemático que funcionaba para describir los sistemas cuánticos, pero que no podía interpretarse como la expresión concisa sobre la cual los organismos físicos se manifiestan. La ecuación de onda no representa para él una superposición de estados reales, razón por la cual dicha superposición es un suceso que no tiene sentido.

Descripción correlacional

Desde esta interpretación no se establece diferencia entre el observador y cada uno de los subsistemas que forman parte del ejercicio. Tanto el gato como el observador y los mismos sistemas inanimados pueden colapsar la función de onda, es decir, todos pueden asumir el rol de observador y, por lo tanto, colapsar la función de onda sin requerir la existencia de un único observador humano que lo haga.

Esta descripción presume un nivel de consciencia de cada sistema animado o inanimado. La dificultad para establecer el mecanismo de funcionamiento que acierte en definir qué es un observador y cuál es la modalidad consciente que maneja traslada el debate a otros terrenos no matemáticos.

Realidad objetiva

Según esta interpretación, los objetos, debido a su propia naturaleza independiente, se colapsan por sí mismos. No se requiere de un observador externo ni de asumir que cada objeto animado o inanimado posee una modalidad de consciencia que le permite ser observador. El hecho mismo de definir a un objeto como existente por sí mismo impide todo debate posterior respecto al colapso de la función de onda producido por la observación y la existencia independiente de un sujeto externo. El colapso de la función de onda, por lo tanto, no es objetivo pues simplemente no sucede.

El Vedanta

Desde la perspectiva del Advaîta, el principal error en que incurren todas las interpretaciones previas estriba en asumir que el universo tiene solamente dos opciones: ser *ideal* o *material*. La interpretación de Böhr induce la existencia de la consciencia exclusiva del observador como elemento que finalmente colapsa la función del sistema cuántico que se está midiendo. La voluntad de medir, como actividad netamente subjetiva, presume la intervención de una actividad ideal asociada a la medición del sistema físico. Asimismo, existe también la caja con todo su instrumental y el gato mismo dentro de ella y, de esta manera, el sistema analizado se aprecia como un objeto diferente del observador mismo que intenta medirlo. Pues bien, la presencia única de mundos objetivos materiales y de sucesos ideales dentro de la descripción de los sistemas físicos es lo que provoca la sin salida del experimento. Presumir que un objeto es exclusivamente material o ideal aparta cualquier otra forma de descripción de la realidad física.

Note el lector cómo el sueño es una tácita realidad mientras se experimenta. El sueño es completamente real mientras se lo sueña. Incluso si el soñante nota que es un sueño lo que vive, el sueño puede seguir desenvolviéndose. ¿Qué acción que se realice mientras duerme diferencia el sueño de la vigilia? Pues ninguna. Ahora nos preguntamos: ¿en los sueños el universo experimentado puede plantearse exclusivamente como material o ideal? Efectivamente, sí se puede; mientras se duerme, nuestra experiencia asume la existencia de objetos materiales independientes entre ellos, e independientes de todo tipo de observador con consciencia propia e individual, pero obviamente esto no es realmente así. Cuando despertamos del sueño notamos que los objetos materiales eran tan solo representaciones ideales del soñador; no existía tal mundo material e ideal independientes el uno del otro. De forma análoga, asumir que nuestra representación vigílica del mundo ha de ser exclusivamente material o ideal nos lleva al dilema de plantear que el universo solamente tiene dos formas de expresarse e interpretarse mentalmente. En contraposición a este planteamiento, intentemos describir el universo como un flujo de *información*, y notemos las consecuencias de dicho postulado.

El universo como información

El concepto de información, que anteriormente ya hemos desglosado, viene cobrando importancia desde hace un par de décadas. El hecho de digitalizar el sonido y las imágenes a través del lenguaje binario de «0» y «1», usado por los ordenadores, llevó a muchos pensadores a asumir que el cerebro humano posee concordancias con dicho proceso, ya que la actividad neuronal se establece en complicados procesos electromagnéticos. La polaridad electromagnética puede asimilarse igualmente a un lenguaje binario, por lo que la representación de la cognición puede relacionarse con manejos de información. Normalmente se habla de información referida al lenguaje binario, pero la propuesta que se discutirá a lo largo de los siguientes capítulos tiene mucha mayor extensión. Intentaremos plantear que la descripción básica de todo proceso cognitivo puede representarse como un tipo peculiar de información.

La información, tal como se estudió en el capítulo anterior, no se asocia a un *objeto*, como pueden ser los «0» y los «1» del lenguaje binario, ni a la representación ideal que formula la dualidad objeto-sujeto. Cualquier objeto ideal o real

es, para el Advaîta, la suma de infinitas informaciones que lo
constituyen. La información es un concepto adimensional que
sirve de base para establecer cualquier dimensionalidad, tal
como hemos establecido para el punto euclidiano, que es adimensional espacialmente pero que puede, por secuencias continuas, conformar líneas y estas a su vez planos para, finalmente, converger en la existencia de volúmenes. Dichos volúmenes
finales, al igual que los planos y las líneas, sí pueden ser descritos geométricamente como realidades mensurables. La adimensionalidad es una realidad teórica que nos permite representar el universo sin que exista necesariamente una
constatación empírica de su naturaleza. Debido a que la información no posee dimensión alguna, la mente no puede consta-
tar mediante un *nombre* o una *forma* su presencia empírica,
pero toda dimensionalidad se establece como suma de infinitas
informaciones.

Ahora planteemos que el universo es información[70], y que
las expresiones real[71] e ideal[72] son tan solo formas de representación de la información. Note el lector que el cerebro, en su
proceso cognoscente, finalmente reduce su actividad a la presencia de información electromagnética, y que dicha actividad
se desenvuelve mediante procesos fisicoquímicos en el mismo
cerebro. La información proveniente de los estímulos sensorios, o la información propia de la memoria en forma de recuerdos, finalmente se resumen en pulsos electromagnéticos que el
cerebro detecta, transforma y administra.

Si asimilamos la fuerza electromagnética al intercambio de
fotones, cuyas propiedades cuánticas se resumen a su vez en
la presencia de los *quarks* que los conforman, notaremos que la
vida se sustenta en fracciones elementales energéticas con pro-

---

[70] Sugerimos al lector el análisis concienzudo del capítulo 4, «La naturaleza de
la información», que forma parte del presente libro.

[71] Véase nota 9.

[72] Véase nota 10.

piedades cuánticas. La ciencia asume que los *quarks*, como partículas elementales, poseen un carácter real, es decir, son un prototipo de realidad expresable en términos de ladrillo fundamental en la construcción de un universo objetivo.

Asumamos que, al igual que ocurre con la información, también la Conciencia es una suma de actividades que, en este caso, producen *saber*, pero que su raíz es también adimensional, puesto que jamás nadie ha podido detectarla como parte de algo o como suma de partes conocidas. La Conciencia, evidentemente, se presenta como un continuo que ofrece un tipo de orden especial de la información, permitiendo la aparición del saber, del conocimiento. Si algo puede ser conocido, implica que dicho evento ideal o real ha de estar dotado de la información que lo constituye y de la Conciencia que permite reconocerlo. La intimidad existente entre información y Conciencia, que posteriormente desarrollaremos más ampliamente, permite reemplazar según convenga un concepto por otro, dependiendo del análisis de aquello que se estudie.

Pero si aún vamos más lejos en nuestras suposiciones, y dotamos a la información de la característica esencial de la Conciencia, afirmaremos entonces que el universo es información esencialmente consciente; que la información, que es esencialmente consciente, puede asumir el rol de expresarse como materia e idea, pero que posee otras múltiples opciones de manifestación. No es parte de este libro el análisis de las múltiples formas de expresión de la información y la posible aparición de universos paralelos con otros órdenes de vida, pero sí es importante notar que no se requiere del sujeto en forma de «yo» como único y exclusivo agente consciente. La información, al ser en sí misma consciente, puede producir órdenes de integración donde el «yo» no necesariamente deba existir como único agente activo de la cognición.

Los sistemas inanimados

Todo sistema inanimado, es decir, que no está dotado de la condición consciente de reconocer el mundo y reconocerse a sí mismo, funciona como una exclusiva representación material o ideal. El objeto «piedra», o su recuerdo, se representan como una actividad material o ideal asociadas a la presencia egoica de un observador, pero dicha presencia es un mecanismo supremamente importante de diferenciación cognitiva que no forma parte del objeto «piedra» en cuestión. La presencia de un «yo» regula la forma de conocer y establece los mecanismos dialécticos de cognición, mientras que el objeto «piedra» no posee una identidad que se autorreconozca y, por lo tanto, no se autodiferencia del mundo donde se encuentra.

Las partículas cuánticas, y toda fracción subatómica, poseen una estructura aparentemente *consciente* que les permite reaccionar bajo parámetros diferentes a la simple definición en términos de «ideal» y «real»; de hecho, toda partícula cuántica expresa condiciones físicas de simultaneidad y ubicuidad que no forman parte de una representación común del mundo macroscópico. Las partículas cuánticas son definidas como objetos, al igual que la piedras, pero poseen la capacidad de reaccionar *conscientemente* ante la presencia de un observador y asumir, por ejemplo, el rol de partícula o de onda. ¿Es una partícula cuántica un objeto material, ideal o ambos? ¿Qué es?

Los objetos materiales que conforman el mundo macroscópico no poseen características cuánticas, debido a que solo advertimos lo que nuestra mente puede construir desde la fracción *elemental* egoica[73]. Los animales no detectan el mundo como

---

[73] Reiteramos que, dependiendo del tipo de agente de cognición que se establezca, aparecerá un Estado de Conciencia cuyos objetos constitutivos poseen características peculiares. En el estado de Vigilia pensante y sintiente, en cuya actividad cognitiva prepondera la dialéctica, se detecta un universo exclusivamente dual. Cualquier otro tipo de conformación de la información queda imposibilitada para ser

nosotros; ellos advierten órdenes de percepción que nos supe-
ran en muchos casos; sin embargo, el hecho de que no tengan
clara consciencia de sí mismos y que su propia reacción parez-
ca simplemente instintiva no desvanece la presencia de una estructura egoica simple pero existente. La complejidad de un
cerebro lleva, a su vez, a la creación de sistemas nerviosos
avanzados que se corresponden con la madurez de los procesa-
mientos que realizan. Los organismos egoicos más autocons-
cientes generan necesariamente estructuras fisiológicas macroscópicas cada vez más complejas. Dicha complejidad favorece la
aparición de sistemas de vida superiores, lo que lleva finalmente a la imposibilidad de una reacción cuántica de dichos sistemas fisiológicos complejos.

Es la presencia de una actividad individual *consciente de mí*
y *del mundo* lo que lleva al nacimiento de un «yo» que conoce
desde una perspectiva netamente individual. El mundo conocido se experimenta colapsado[74] ante la aparición de cualquier
decisión volitiva que el «yo» tome. La ecuación de onda muestra el conjunto de *probabilidades* energéticas que el sistema
puede tener, pero también muestra que el «yo» es quien colapsa
el conjunto haciendo que sea perceptible una sola de las probabilidades. Por el contrario, la observación sin presencia egoica
restablece las condiciones cuánticas cognitivas de cualquier
sistema macroscópico, y permite experimentar el mundo como
una simultaneidad de estados que la ecuación de onda ya predice. En tal caso, la percepción pasa de interpretarse como real o

---

conocida, pues es la mente quien determina en cada Estado de Conciencia los alcances de la percepción. El universo dialéctico se construye desde la unidad elemental
denominada «yo». Si varía esta unidad fundamental, que es la base con la cual se
construye la mente, entonces se advertirá un Estado de Conciencia diferente cuyos
constructos reaccionan solamente a dicha conformación mental.

[74] Desde la continua apreciación del «yo», el universo se aprecia colapsado en
forma de objeto material o ideal. La suma infinita de probabilidades superpuestas
energéticas de lo conocido sigue existiendo, pero la mente detecta solamente aquellas que el patrón del colapso genera por la presencia del «yo».

ideal a enmarcarse en un tipo de cognición denominada No-
dual.

La cognición No-dual impide definir un sistema cualquiera,
ya sea cuántico o clásico, como evento aislado real o ideal, e
integra todas las diversas probabilidades energéticas del sistema a un momento de cognición cualquiera, tal como predice la
ecuación de onda. Para ello debe redefinirse la condición de
observador como agente exclusivo de la cognición, dar paso a
la información como actividad esencialmente consciente e in-
hibir la presencia egoica como estructura condicionante y limitante de la mente.

En el ejemplo del gato de Schrödinger, la partícula microscópica radiactiva, que puede o no ser detectada por la sonda
situada dentro de la caja, posee todas las características meca-
no-cuánticas que la ecuación de onda predice. Su naturaleza
esencial es un conjunto de estados superpuestos energéticos
que se expresan simultáneamente. Solo las partículas cuánticas
poseen la característica de funcionar a tan baja energía y revelar
estados superpuestos energéticos. Su nivel de *especialización y
complejidad es bajo* respecto a los sistemas macroscópicos, que
lo son precisamente gracias al entrelazamiento de partículas
virtuales[75], y que favorecen la aparición de configuraciones
energéticas más complejas.

A su vez, cada uno de los instrumentos situados dentro de la
caja y que forman parte del experimento, como martillo, botella
y veneno, poseen una estructura material basada en la constitución fisicoquímica que presenta cada elemento[76]. La compleji-

---

[75] Los fotones virtuales se intercambian entre partículas cuánticas y dan origen
a la aparición de fuerzas electromagnéticas. Igualmente, se plantea que el intercambio de gravitones y gluones favorece la aparición de la fuerza gravitatoria y la fuerza
fuerte, respectivamente.

[76] La reacción consciente de una partícula subatómica es abiertamente cuántica;
la respuesta de un sistema con propiedades físicas y químicas como la botella o el
veneno es netamente sustancial; la respuesta consciente de un sistema con ego ya
establecido pero de actividad primaria es netamente instintiva; y la reacción de un

dad de cada instrumento ofrece un grado de especialización cada vez más elaborado con respecto a la simple actividad cuántica. Aparecerán reacciones fisicoquímicas que otorgarán cualidades de dureza, poder calorífico, peso y muchas más a cada elemento constitutivo de la caja. Las diversas propiedades fisicoquímicas harán que difiera el martillo de la botella, y estos del veneno y de la caja misma donde todos se encuentran. A dicha capacidad de reacción la denominaremos *sustancial*, pues se manifiesta como suma de propiedades físicas y químicas que diferencian a cada una de las sustancias base de cualquier estructura en el universo. Así, desde los soles a las moléculas, cada elemento posee cualidades y propiedades fisicoquímicas que lo distinguen de otros. La *reacción sustancial* es el rasgo que define la propia identidad de cada elemento *estructurado* por las fuerzas que operan en el mundo cuántico.

La reacción basada en un sistema material más complejo impide una reacción cuántica, pero favorece la aparición de propiedades fisicoquímicas que llevan a un nivel de diferenciación mucho mayor entre cada una de sus partes, creando así una brecha inmensa entre los sistemas *sustanciales* y los *cuánticos*.

En el experimento, el gato posee una condición instintiva de respuesta ante sí mismo y el mundo, gracias a la cual modela su peculiar forma de interpretación de la realidad. El grado de individualidad y estabilidad egoica del gato es pobre respecto al del ser humano, pero alto respecto a las *reacciones sustanciales*, donde predomina la presencia exclusiva de propiedades fisicoquímicas. Dicha individualidad incipiente le permitirá, desde su peculiar cognición, reconocer si la botella se rompe o no,

---

sistema macroscópico con estructura egoica firme es netamente individual. Todos ellos producen vestigios diversos de individualidad, por ello la subdivisión que ha de establecerse para el análisis del mundo debe ir más allá de la estrechez que supone la división en «ideal» o «material», para pasar a los órdenes cuántico, sustancial, instintivo e individual. Todos ellos no son más que un compendio de información consciente.

pues en sí misma ya posee una reacción instintiva que le permite descifrar a su nivel lo que acontece dentro de la caja. La complejidad individual del gato y los variados sistemas que lo componen (sistema motor, nervioso, digestivo, etcétera) se correlacionan con órganos apropiados a la presencia de las diversas funciones mentales requeridas. El gato posee un sistema macroscópico con mayor identidad, cuya respuesta instintiva al entorno es la base de su peculiar reacción. El sistema instrumental —botella, veneno, etc.—, cuya respuesta es netamente *sustancial*, y la respuesta *cuántica* de la partícula subatómica —la partícula que deberá degradarse en el experimento—, no poseen el grado de especialización de cualquier sistema *instintivo*. A medida que aumenta la complejidad del sistema nervioso que interacciona es más fácil advertir un colapso de la función de onda. De esta manera, los sistemas instrumentales e instintivos reaccionan de forma diferente a los cuánticos, ofreciendo un colapso de la función de onda que se traduce en la aparición espontánea de sus propias propiedades físicas y psicológicas, respectivamente.

Desde la perspectiva del observador humano, su estructura egoica claramente establecida permite una respuesta netamente individual, gracias a la cual notará una sola probabilidad energética de las posibles que establece la ecuación de onda del sistema. Él jamás podrá detectar de forma práctica la teoría de las probabilidades superpuestas establecida teóricamente por la ecuación de onda. Su universo mental, gracias a la presencia egoica como base de estructuración de la información, define una percepción netamente dialéctica, lo que induce la creación de un universo limitado a las experiencias que gocen de esas características. La reacción del *sistema individual*, cuya mente ya estructurada conforma un «yo» más estable, produce una representación del mundo basada en la complejidad de sus variados sistemas. El «yo», en la respuesta individual, puede reconocerse y reconocer el entorno con franca claridad. Sin embargo, el colapso de la función de onda inducido por una respuesta individual, condicionada por la existencia de un «yo», no es, insistimos, la única opción disponible: cuando dicho tipo de respuesta opera bajo una modalidad carente de representación egoica, es posible advertir formas de cognición superiores. Así, si el observador lograra, gracias a algún artilugio, medir lo que ocurre en la caja *sin* que en el proceso operara el más mínimo sentido egoico, entonces la representación del sistema se estimaría inmediatamente como No-dual, permitiendo al *Atman*, como agente de cognición de ese peculiar orden universal, conocer una realidad superpuesta sin el más mínimo indicio de fractura individualizante, tal como lo establece inicialmente la ecuación de onda de Schrödinger. Por esta razón, el mundo cuántico se parece tanto a la experiencia No-dual, pues en ambos el nivel de reacción puede establecerse según las pautas matemáticas de la función de onda. Bajo este nuevo esquema de reacción, el universo es un pluriestado de probabilidades simultáneas. De todo ello se deduce, en conclusión, que la forma más clara de expresar la No-dualidad es atenerse al funcionamiento de las partículas cuánticas.

NUEVAMENTE LA PARADOJA EPR

Recordemos que, en el conocido debate suscitado durante décadas entre dos de los más grandes físicos del siglo pasado, Böhr y Einstein, este era partidario de la llamada «localidad» de la mecánica cuántica, es decir, de que toda señal detectada no podría superar la velocidad de la luz. Por el contrario, la interpretación de la mecánica cuántica sugerida por Böhr plantea la posibilidad de que una partícula cuántica mantenga simultáneamente varios estados energéticos superpuestos, y que dicha condición logre mantenerse en un sistema cualquiera predicho por su ecuación de onda asociada, mientras no haya colapsado

—también suele denominarse «reducción del paquete de ondas»— ante una medición específica.

La mecánica cuántica contradice la teoría de la relatividad, pues para la relatividad cualquier señal de un sistema físico ha de ser local, esto es, no puede desplegarse más rápido que la velocidad de la luz. Sin embargo, un sistema cuántico, como por ejemplo una partícula que se subdivide alejándose una fracción de la otra, mantiene la superposición de estados mientras no exista medición alguna del sistema. Llegado el momento, ambas fracciones de la partícula inicial pueden estar separadas una de otra muy lejos, incluso a cientos de millones de años luz. Al realizarse una medición de cualquiera de ellas, por ejemplo, la dirección de giro de su *spin*, esta medición sobre una fracción subdividida obliga a colapsar la función de onda del sistema inicial, haciendo que la fracción no medida adapte instantáneamente su *spin* en sentido contrario para mantener su conservación de energía.

Böhr abogaba por la idea de que las partículas cuánticas reales —es decir, que existen independientes del observador— no manifiestan necesariamente un requerimiento de localidad —esto es, que su información deba difundirse a una velocidad menor que la de la luz—. Para Böhr, un mundo realista no implicaba una condición de localidad física; para Einstein y su teoría general de la relatividad, era imprescindible que las condiciones físicas se manifestaran en un ambiente local, pues su teoría sugiere que no existe la posibilidad de que una señal viaje más rápido que la velocidad misma de la luz. La aparente imposibilidad teórica de plantear transferencia de información instantánea hacía que Einstein considerara la mecánica cuántica como un mero juego matemático que no era capaz de definir realmente los sistemas físicos, sino que simplemente procedía a enumerar matemáticamente sus condiciones sin que existiera realmente una apreciación exacta de la naturaleza de los objetos estudiados.

La presencia del observador

Como hemos visto, una de las afirmaciones más complejas realizadas por Böhr acerca de la mecánica cuántica es su interpretación de que la ecuación de onda de Schrödinger es una onda probabilística que mantiene superpuestos los infinitos estados energéticos que dicha ecuación matemáticamente predice. La presencia de la medición, y por ende la presencia del observador asociado a ella, modifica el sistema y la misma medición, y promueve, sin el más mínimo gasto de energía, el colapso de la función de onda a uno de los estados energéticos predichos. Así, al finalizar la medición, el sistema colapsado previamente medido evoluciona y, nuevamente, obedece a los parámetros superpuestos que otorga al sistema la función de onda antes de colapsar.

Antes de realizar la medición, el sistema cuántico no ha definido aún su estado energético. Al ser medido, el sistema cuántico adopta uno de los posibles estados energéticos que la ecuación de onda prevé. No existe ninguna variable local oculta, es decir, no existe una condición, en la zona de influencia donde se encuentra el sistema, que lo obligue a adoptar un estado energético específico. El sistema cuántico reacciona espontánea y simultáneamente sin gasto energético, colapsándose y asumiendo un estado por «voluntad propia».

La medición de una variable física es el artilugio que obliga al sistema a adoptar un estado energético específico, y es la presencia del observador como agente activo del proceso quien induce dicho colapso. La presencia del observador como variable que modifica las condiciones de la partícula es uno de los elementos más contradictorios en la física cuántica. En el mundo macroscópico, como sabemos, cualquier persona puede observar un avión con la seguridad de que, al hacerlo, la magnitud de su tamaño, velocidad y cualquier otra variable física no se modificarán ni modificarán en nada las condiciones de aterrizaje de la aeronave. ¡Imagínese el lector un universo macroscópico donde la observación del perceptor modificase por su simple presencia las condiciones físicas de lo observado! Introducir la variable del observador como elemento determinante en el sistema a medir es francamente extraño; sin embargo, eso es lo que ocurre en los mundos microscópicos.

La complejidad de un sistema

Hemos determinado que, por definición, un sistema físico, cualquiera que sea, a medida que se especializa y asume un rol progresivamente más consciente se hace más complejo, a causa de las intrincadas relaciones fisicoquímicas que necesita para sobrevivir.

El nivel de especialización de un sistema determina el grado de complejidad de su estructura. Por ejemplo, la estructura espacial de la malla de cristalización que poseen los átomos que componen la sal define las características físicas y químicas que la identifican. Las condiciones básicas o ácidas, su peso, difracción o refracción a la luz, dureza a la penetración y cualesquiera propiedades físicas o químicas denotan un nivel de especialización que la diferencian de cualquier otra sustancia. Así, las agrupaciones de átomos en forma de moléculas y las de moléculas en forma de estructuras inorgánicas cada vez más complejas hacen que el sistema, en la medida que crece, denote propiedades cada vez más características y propias. Vamos a hacer un repaso, en esta línea, de aspectos que ya hemos apuntado.

La reacción sustancial

Al conjunto caracterizado por diversos niveles de complejidad *sustancial* inorgánica, que va desde unas pocas moléculas hasta los grandes instrumentos como telescopios y máquinas de todo tipo, lo denominaremos *sistemas sustanciales*, pues cada uno de sus componentes reacciona basándose en los sistemas primarios atómicos que los constituyen. Así, por ejemplo, la complejidad de un ordenador contiene las cualidades específicas de cada una de las sustancias que lo constituyen. La reacción de cada sistema o subsistema es predecible basándonos en el conocimiento fisicoquímico que tenemos de cada uno de sus componentes. La reacción sustancial está determinada por las leyes de la física y de la química, de manera que son las leyes de la naturaleza las que permiten descifrar su reacción y comportamiento.

La medida de tiempo, masa, voltaje y demás variables existentes de cada sistema sustancial le permiten adoptar reacciones específicas de respuesta ante la medición de cualquiera de sus propiedades. Dichas propiedades evidentemente no se modifican, pues las leyes de la naturaleza que las definen son inalterables.

La reacción instintiva

Otro tipo de sistemas más complejos está constituido por aquellos que presentan una reacción *instintiva*. La denominaremos *instintiva* porque dicha reacción no está supeditada a una consciencia personal que pueda reconocerse a sí misma como un sistema independiente y consciente.

Esta subdivisión instintiva de sistemas es mucho más compleja que la *sustancial*, pues requiere una mayor complejidad fisicoquímica del sistema orgánico. Dicha complejidad aumenta en la medida que la condición instintiva se transforma y pasa a ser de raza y, lentamente, se encamina a la grupalidad. Por ejemplo, sabemos de la reacción de una especie de arbusto, y sabemos que toda su especie manifiesta una reacción similar ante la presencia de temperatura, agua o contaminación. A medida que el nivel de reacción instintivo disminuye para aumentar la presencia consciente, el nivel de complejidad estructural del sistema aumenta. Una cucaracha, por ejemplo, posee una complejidad estructural mayor que la de un organismo vegetal. La respuesta de una cucaracha a un estímulo cualquiera puede variar rápidamente gracias al mayor nivel de adaptación que posee. Un perro, por ejemplo, posee un nivel instintivo cada vez más precario a causa de una presencia consciente que le permite reaccionar como grupo —pastor alemán— y no como especie —perro—. A la vez, cada perro se diferencia en su propio grupo obteniendo características peculiares y únicas.

En este sentido, hay sistemas orgánicos que responden de forma completamente instintiva y algunos otros que empiezan a despertar un viso de consciencia individual, razón por la cual se hacen merecedores de la cercanía del género humano. La reacción instintiva se asocia a las estructuras vegetales y animales que, según su nivel de complejidad fisicoquímica, denotan un nivel de reacción que va desde lo instintivo puro hasta el incipiente universo de la reacción consciente e individual.

La reacción individual

Nos referimos a la modalidad humana, en la cual el sentido de consciencia individual está completamente desarrollado. Es importante señalar que la complejidad de los sistemas humanos es muy alta, razón por la cual las intrincadas relaciones fisicoquímicas son muy complejas. La relación subsistente entre la complejidad estructural de un sistema y su capacidad de reconocimiento autoconsciente son claras y saltan a la vista.

El nivel de especialización de los sistemas humanos lleva a la integración de actividades y funciones sin cuento, tantas que nos es imposible determinar claramente la lógica del encadenamiento que hay entre las diversas fracciones que componen el todo. El ser humano es una maravillosa y exquisita máquina que es consciente del mundo y consciente, a la vez, de sí misma. Su sistema nervioso, por ejemplo, posee una intrincada red neuronal y potencialidades inimaginables que aún no han sido descritas cabalmente. Los sistemas humanos poseen un viso de especialización más alta que en cualquier otro género existente, lo que lleva a una mayor complejidad del sistema mismo.

Nuevamente el colapso de la función de onda

Todo sistema, sin importar la complejidad que posee, tiene una ecuación de onda que define la expresión de su naturaleza energética. Establecer la función de onda para un organismo tan complejo como el humano o para los sistemas con reacción *sustancial* o *instintiva* es prácticamente imposible; no se puede determinar matemáticamente, debido a la inmensa cantidad de variables planteadas para definirlos y al desconocimiento que aún tenemos de la naturaleza.

La especialización de un sistema implica de por sí una forma excluyente de reacción. La sal reacciona de forma diferente que un veneno, y una cucaracha difiere en su reacción de los sistemas *sustanciales*. Igualmente, los sistemas *instintivos* y los *individuales* reaccionan con parámetros únicos y específicos según sea su especie, raza o relación grupal.

Hay una característica que permite clasificar toda forma de reacción de cualquier sistema energético; nos referimos a la cualidad individualizante que opera velada o abiertamente en cualquier sistema. Los sistemas sustanciales no poseen una actividad consciente individual, pero sí poseen una reacción fisicoquímica que denota un tipo de especialización en su reacción y comportamiento. Dicha reacción especializada es el factor que le impide a un sistema energético sustancial mostrar connotaciones cuánticas.

De igual manera, los entes con características de reacción instintiva poseen un grado mayor de complejidad estructural, lo que induce un mayor índice de especialización. La reacción específica e individualizante de los seres constituidos con una reacción instintiva les impide mostrar unas connotaciones cuánticas del sistema debido a su complejidad estructural. La presencia primaria de un sistema cognitivo instintivo hace que el sistema favorezca la presencia de una reacción local, real e individualizante[77], que está lejos de pertenecer a la reacción de cualquier sistema cuántico.

Los sistemas humanos con un tipo de reacción *individual* impulsan, como ya se ha indicado, la existencia de estructuras energéticas profundamente complejas. Nuevamente, el tamaño de dichas unidades orgánicas impide la reacción del sistema como un elemento mecánico-cuántico. De ahí que la experiencia humana lleve a ver que el universo no solamente es dual, sino que está condicionado por leyes que delimitan localmente el comportamiento de los sistemas.

En definitiva: la presencia de cualquier sistema especializado *sustancial, instintivo* o *individual* cambia los parámetros de reacción del sistema medido y lo obliga a colapsarse o no según sea la simpleza de su actividad. Todo sistema posee teóricamente la posibilidad de plantearse como una superposición de estados probabilísticos, pero a causa de su especialización, esto es, de la complejidad estructural del sistema que se deriva del nivel de autoconsciencia que advierta, le será

---

[77] Local, como acto donde las leyes clásicas de la física predominan. En ellas, la velocidad de toda señal no puede sobrepasar a la de la luz.

Real, como sistema independiente de los restantes sistemas, existente por sí mismo.

Individualizante, como actividad cognitiva superior que induce el sentido de dualidad.

posible o no una reacción simultánea de estados energéticos superpuestos.

La reacción cuántica

Por extensión, la reacción cuántica es la más simple que existe y su complejidad estructural reporta un nivel mínimo de especialización, es decir, de complejidad estructural. Las partículas cuánticas reaccionan planteando una mínima actividad volitiva y asumiendo en parte la del sujeto que las mide. Por esta razón, las partículas cuánticas adoptan las características de medición que el científico presupone: la simple curiosidad investigativa irrumpe ante la partícula subatómica favoreciendo una reacción cuántica que está predicha por la ecuación de onda asociada.

Así pues, el colapso de la función de onda debe entenderse dependiendo del nivel de especialización del sistema que se mide, esto es, de la complejidad estructural que posee el sistema. Dicha complejidad tiene como único fin la manifestación de un contingente de consciencia individual. Por eso suele plantearse la voluntad del investigador que hace la medición como causa del colapso de la función de onda. Existe, entonces, una relación directa entre la complejidad estructural de un sistema y su nivel de especialización, e igualmente existe una relación directa entre el nivel de especialización de un sistema y su nivel de autoconsciencia. Esto explica la relación entre el colapso de la función de onda y la presencia individual de quien toma la medición.

Mientras que los sistemas complejos advierten un universo fundamentado en la inclusión de las propiedades fisicoquímicas en un marco espacio-temporal lineal, los sistemas cuánticos no, y esta es la circunstancia que permite la superposición de estados. La descripción mental que los sistemas complejos hacen del mundo se basa en la interrelación consciente que hacen entre ellos mismos y el entorno. El nivel de especialización individual es el elemento directriz a través del cual se traduce la experiencia del mundo. Aunque el universo no cambia ni cambiará en sus propiedades constituyentes ni, en definitiva, en la información que lo construye, sí lo hará la interpretación que cada sistema especializado haga de él.

La reacción No-dual

Existe una forma de reacción humana ante los eventos del mundo que se asemeja a una reacción cuántica. Hemos visto previamente que el elemento individualizante que opera en la mente, y al que denominamos genéricamente «yo», es la base del fraccionamiento de la información y lo que impulsa la aparición del colapso de la función de onda que aparece tanto en los sistemas cuánticos como en los variados organismos más complejos[78].

---

[78] Recordamos que la reacción mental y fisicoquímica se basa en el nivel de especialización de los sistemas orgánicos o inorgánicos. En la medida que un sistema es más complejo, introduce un nivel de especialización de sus estructuras que lo lleva a desencadenar propiedades físicas específicas, como en el caso de los sistemas *sustanciales*, o marcadamente inconscientes, como en los sistemas orgánicos *instintivos*. El nacimiento del sentido de individualidad consciente es lo que busca la naturaleza a través de su proceso evolutivo. Por ello los sistemas más complejos, cuya reacción es eminentemente individual, son aquellos que ofrecen la presencia de un «yo» más estructurado y consciente de sí mismo y del entorno.

Los sistemas cuánticos, debido a la ausencia de complejidad de sus estructuras físico-químicas, que se traduce en un nivel totalmente primario de especialización, poseen una reacción eminentemente cuántica. En dicha reacción, el marco espacio-temporal cobra una representación diferente de información a la que se presenta en otros tipos de reacciones asociados a otros sistemas. Tiempo y espacio cobran un tinte simultáneo y ubicuo que introduce en el sistema cuántico unas propiedades de reacción únicas, como la superposición probabilística de sus estados energéticos.

La reacción *No-dual*, gracias a la modalidad específica de cognición que establece, fractura igualmente la relación espacio-temporal. El hecho de que el observador simultáneamente se conozca a sí mismo y a lo conocido introduce una interpretación del mundo similar a la de la cuántica. Así, los estados más profundos de percepción No-dual introducen en la cognición la ruptura del marco espacio-temporal lineal e imprimen una visión simultánea de «todo en todas las cosas».

La No-dualidad favorece no solamente la ausencia del «yo» entendido como agente independiente de la cognición, sino la *simultaneidad* entre conocedor y conocido. Conviene aclarar una vez más que la No-dualidad no niega la existencia del «yo» ni del mundo, simplemente establece una relación entre ambos que permite que la Conciencia, como fuerza de saber, establezca un puente que permita conocer sin que exista sentido de diferenciación. Dicha modalidad de cognición se presenta bajo las dos modalidades ya expuestas:

Estado de Concentración No-dual

Cuando el nivel de no-diferenciación se asocia a un campo cerrado, es decir, se establece bajo parámetros sensorios o mentales definidos, como es el caso de ver un coche, un paisaje o cualquier otro evento externo o interno delimitado en la percepción, entonces la información que compone el campo de cognición, y que es infinita en eventos constitutivos, se experimenta simultáneamente. Dicha experiencia simultánea induce la presencia de un testigo simultáneo a lo conocido, al que hemos denominado previamente como *Saksím*. Brillo, color, textura, sensaciones asociadas y todo aquello que compone la complejidad interpretativa de la cognición se expresan simultáneamente, de acuerdo a la configuración del universo que el *Saksím* desenvuelve en su construcción cognitiva.

Estado de Meditación

Cuando el nivel de no-diferenciación que opera en la cognición se establece bajo los parámetros de este estado, la cognición se hace completamente «cuántica», pues los diversos sistemas y la información que los compone asumen una condición real

pero absolutamente simultánea. El agente conocedor del campo
abierto, es decir, de una cognición sin fronteras sensorias ni
mentales, al que llamamos el *Atman*, se convierte en un flujo
no-diferenciado de Conciencia que actúa a la vez como conocedor del mundo y de sí mismo. El culmen de este estado, esto
es, la forma más universal de cognición, donde el universo es
simultáneamente todo lo que es, ha sido y será, es denominado
en el Vedanta como *nirvikalpa samadhi*.

Así, entonces, el *nirvikalpa samadhi* establece una forma de
cognición donde la Conciencia entreteje cognitivamente toda
cualidad y característica de manera simultánea. El perceptor de
dicho suceso, el *Atman*, se expresa igualmente simultáneo a
todo lo conocido, sin que exista evento potencial alguno más
por conocer.

CAPÍTULO 6
Información y Conciencia

LA NATURALEZA DE LA CONCIENCIA

El análisis y el estudio de la Conciencia es uno de los temas más espinosos que existen. Ya la simple definición del término es profundamente compleja. La cognición es una actividad de la cual realmente se sabe muy poco. En general, la Conciencia asume el rol de ser portadora de la cognición, del saber. Conocemos gracias a que la Conciencia se establece como medio para detectar y relacionarnos con el mundo externo y el mundo interno. Conciencia es el acto de saber, es la función que determina la potencialidad del conocimiento. De la misma forma que en una fogata el fuego es portador del resplandor luminoso, así la Conciencia es portadora de saber. Gracias a la Conciencia podemos determinar la realidad de las cosas y detectar su existencia. Al ser conscientes del mundo reconocemos la realidad que en él subyace.

Consciencia personal

Desde los albores de la psicología occidental se ha planteado que la actividad de la Conciencia es un factor exclusivo del *Homo sapiens*. La condición de ser consciente de sí mismo y del mundo es un hecho cuya relevancia solo se advierte en la raza humana. Por tal razón, se ha presumido desde antaño que solamente los humanos estamos capacitados para poseer una Conciencia clara y definida, por lo cual pareciera que somos los únicos seres capaces de determinar un nivel de realidad adecuado de nosotros mismos y de nuestro entorno.

Actualmente, y basados en la tradición académica occidental, la Conciencia se establece solamente en un «yo». Solo el «yo» es partícipe del dinamismo de la Conciencia; por lo tanto, cuando hablamos de Conciencia, ha de especificarse que nos referimos a la consciencia de un «yo». Al parecer, solo el ser humano goza de la inmensa potestad de ser consciente de sí mismo y del mundo, razón por la cual cualquier otra especie de vida se encuentra en un nivel inferior desde nuestra peculiar definición de realidad.

La Conciencia como elemento teórico se expresa de manera práctica, entonces, a través de la consciencia individual. La consciencia personal atañe a la capacidad de reconocer nuestra propia existencia individual junto a la de los demás seres existentes. El término *Conciencia* se aplica exclusivamente a la «consciencia del yo», a la consciencia individual. Por esta razón, es el «yo» el agente dinámico de la cognición. La actividad superior de conocer es potestad del «yo»; su primer atisbo de realidad se resume en asumir y validar su propia existencia individual y, por extensión, la del mundo que le rodea. En conclusión: gracias a la consciencia individual sabemos que existimos independientes del mundo que nos rodea. Esta afirmación es tan evidente que se la considera un axioma, una verdad que no requiere explicación adicional alguna. Aceptarnos como entes individuales nos lleva a considerar, sin oposición alguna, la afirmación cartesiana de «pienso, luego existo».

Conciencia y Vedanta

El Advaîta es un sistema cognitivo que desde hace siglos intenta desentrañar las complejidades mismas de la Conciencia. Para ello ha redefinido el término *Conciencia*, aplicando en su nueva apreciación repercusiones francamente interesantes. Para el Advaîta la Conciencia es un flujo no-diferenciado de saber y saber que se sabe[79]. Otra manera de introducirnos en el tema de la Conciencia es verla como el acto simultáneo de saber y saber que se sabe. Desde la perspectiva No-dual, el agente activo de la cognición *no es* el sujeto individual ni su apreciación yoística, sino que la Conciencia misma, como agente activo de su propia naturaleza, es quien conoce. Desde esta perspectiva, tanto el sujeto como los objetos pasan finalmente a ser la sustancialidad misma de la Conciencia.

La Conciencia, al no ser en sí misma una condición propia y exclusiva de un objeto o un sujeto, no puede ser definida de forma similar a los objetos que gracias a ella concienciamos; no es un objeto de estudio, como sí lo son los objetos que conocemos. La Conciencia es un flujo de saber que permite conocer pero que, en última instancia, solo se conoce a sí misma.

Características de la Conciencia

Las consideraciones que el Vedanta ofrece de la Conciencia permiten establecer un tipo de relación muy interesante con el concepto «información», y esta intrínseca relación entre Conciencia e información será el tema a tratar en este capítulo. A continuación, estudiaremos algunas de las características esenciales que el Advaîta atribuye a la Conciencia, con el fin de

---

[79] La tradición oriental establece la definición *pragnaman Brahman*, que se traduce como «*Brahman*, el absoluto No-dual, es Conciencia».

determinar nuevas ideas que sirvan para introducirnos y aclarar el apasionante mundo de la cognición.

La Conciencia como actividad autoluminosa

Para el Advaîta, la Conciencia conoce porque esa es su naturaleza esencial. Así como la naturaleza de la luz es iluminar o la del agua humedecer, asimismo la naturaleza de la Conciencia es promover el saber, y para ello no requiere ni siquiera de la presencia de un «yo». Hay estados de percepción duales[80] donde puede existir un agente de consciencia individual e independiente de los objetos que conoce, pero esta no es la forma esencial de la expresión consciente. La expresión primera y fundamental de la Conciencia es la No-dualidad. La Conciencia regula su propio saber, y dicha regulación también es Conciencia. No existe nada diferente a la Conciencia, puesto que todo lo que se conoce se advierte a través de ella y, tal y como se ha explicado, es en el Estado de Conciencia denominado Meditación donde finalmente se advierte que el universo entero no es más que una modalidad sustancial de la Conciencia. El acto de saber, como el de existir, son actividades que dependen de sí mismas. No existen actividades previas cuya conformación devenga en Conciencia o existencia.

La Conciencia como actividad autoevidente

El saber emerge porque la totalidad de lo conocido es múltiple ante la unidad del conocedor. De igual forma, la Conciencia conoce, pero nadie la conoce, es decir, la Conciencia es una

---

[80] Nos referimos a los Estados de Conciencia llamados Sueño, Vigilia pensante y sintiente y Concentración. En cada uno de ellos el sujeto se experimenta como diferente de lo conocido, promoviendo una representación dual de la realidad.

actividad unitaria que no puede jamás expresarse como múltiple. El hecho de ser la Conciencia siempre una actividad unitaria y no múltiple no le permite ser objeto más que de ella misma y es el acto final sobre el cual se establece cualquier cognición. No hay nada previo a la actividad de la Conciencia, excepto Conciencia, ni hay nada posterior a la Conciencia excepto la actividad misma de la Conciencia.

No fraccionamiento

La Conciencia es en sí misma un todo, es decir, no es posible fraccionarla en partes. Actúa, como hemos citado, siempre como una unidad; es imposible fragmentarla para convertir cualquiera de sus partes en objeto de estudio por parte de las restantes. Bajo esta afirmación, la Conciencia no posee los atributos que sí caracterizan los cuerpos sustanciales, a saber, el de ser partes o fragmentos que, integrados, generan un todo; dicho todo puede, a la vez, ser parte de un nuevo sistema que lo contenga. La Conciencia jamás se ha detectado fraccionada como objeto de análisis. Se parece en algo a los dipolos magnéticos: si un imán se fractura en dos partes, en cada una de ellas aparecen dos zonas magnéticas diferentes, una positiva y otra negativa. Si, una vez más, cualquiera de estas partes positiva o negativa se fragmenta, emergen dos nuevos polos magnéticos, y así sucesivamente. Con la Conciencia pasa algo similar, pero al contrario: cada vez que se analiza cualquier fracción de percepción, sin importar cuántas partes tenga, se advierte como una unidad consciente de existencia; un nuevo fraccionamiento de la unidad perceptiva, por ejemplo pasar de ver un edificio a observar su puerta de entrada, lleva a una nueva unidad cognitiva. Nunca el fraccionamiento de un campo de percepción lleva a la partición de la Conciencia. La Conciencia es una unidad funcional siempre, tal como los dipolos magnéticos son siempre unidades duales.

178 SESHA

Al igual que en la información no podemos establecer un ladrillo base como elemento primario de los objetos que de ella están constituidos, de igual forma no encontramos una fracción elemental que por adición conforme la estructura de los sistemas conscientes. Información y Conciencia comparten la ausencia de fraccionamiento y, además, la imposibilidad de encontrar un ladrillo fundamental que sea la base de la cognición-consciencia y de la sustancia-información.

Todo-parte

La Conciencia no posee una base estructural primaria en ninguna de sus posibles manifestaciones —reacción cuántica, sustancial, instintiva o individual—; su constitutivo no puede ser fraccionado, pues siempre emerge como un todo. La realidad de cada evento constituido de información, y conocido gracias a la Conciencia, se expresa siempre como un todo. Así como nadie percibe los elementos constitutivos de la información, sino que se percibe una agrupación infinita de ella conformando los finitos cuerpos que percibimos, de idéntica manera la cognición del mismo evento no se experimenta como suma de consciencias parciales sino como un todo consciente.

Acausalidad

En vista de la imposibilidad de fraccionar la Conciencia en busca de un constitutivo primario, y de que la Conciencia se presenta siempre como un todo sin partes, no existe modo alguno de encontrar su génesis. Sabemos de la existencia de los objetos conocidos, pues somos conscientes de ellos, pero no podemos saber el instante mismo en el cual empezamos a darnos cuenta de que las cosas existen. Siempre nos damos cuenta de la existencia de un evento cualquiera, pero el segmento inicial sobre el cual se inicia el proceso consciente es desconocido; es decir, sabemos que conocemos, pero no detectamos el momento inicial del proceso mismo.

La imposibilidad de encontrar una causa al instante mismo del inicio de la cognición pone en evidencia la extrañeza del proceso en sí. Hay consciencia de eventos y, evidentemente, experimentamos sensaciones diferentes, por lo que sabemos a ciencia cierta que somos conscientes de diversas caracterizaciones de realidad, pero entre realidad y realidad que alumbramos conscientemente no podemos distinguir el instante mismo en que una realidad cognitiva muere y da nacimiento a la siguiente. La Conciencia actúa como un continuo y no como un flujo direccional, por lo cual no encontramos jamás el instante mismo de inicio del proceso consciente, aunque sí podamos atestiguar efectivamente que somos conscientes de aquello que tuvo inicio, y también que dicho evento murió para dar paso al siguiente. Los momentos de cambio entre realidad y realidad son desconocidos, esto es, la causa que precede al inicio de un evento consciente y el inicio mismo de la consciencia como base de la cognición son desconocidos; el acontecer consciente es acausal.

Dicha circunstancia de acausalidad es similar a la que opera en la información. Cuando observamos, por ejemplo, un cubo de madera, podemos notar con la vista el borde que delimita una de las seis caras con cualquier otra del mismo objeto. Sabemos a ciencia cierta que hay un límite entre cada uno de los planos constitutivos que operan en las tres dimensiones espaciales en que se desarrolla el cubo. Cuando la vista se posa en una cara pasa rápidamente a la otra siguiendo una continuidad visual. Ahora imagine el lector que cada cara del cubo se asemeja a pensamientos diferentes, por ejemplo, una casa, un árbol, un avión, calor, sueño y un recuerdo, en total seis, como las caras del cubo. Note cómo somos capaces de ser conscientes consecutivamente de cada una de las imágenes mentales, tal como somos capaces de experimentar la continuidad de las caras del cubo. Pareciera que la percepción es continua entre imágenes, como lo es cuando observamos los planos del cubo. Nunca atestiguamos el inicio del pensamiento ni su final, siempre nos vemos dentro de un pensamiento ya iniciado, al igual que con el cubo: nunca notamos la frontera como tal entre planos espaciales, sino que detectamos cualquiera de las superficies, nunca la sustancia frontera que las delimita. Los límites son inaprensibles y detectarlos es completamente imposible, de ahí la incertidumbre existente en la percepción.

El Advaîta logra, mediante la educación de la mente, ralentizar y describir la percepción que ocurre luego que un pensamiento muere y antes de que nazca el siguiente. Ha encontrado que la Conciencia no nace al comienzo del pensamiento ni decae a la muerte de este. La Conciencia está presente como *atención sin pensar* mientras la mente aún no asocia al «yo» con la *forma* o el *nombre* de un recuerdo. Es decir, la Conciencia es siempre continua, sin causalidad alguna. Los pensamientos flotan sobre la Conciencia tal como las olas cambiantes sobre un océano siempre idéntico.

De igual manera, la información que compone un pensamiento ideal o una forma material se subdivide en tantas partes como se desee; no obstante, cada una de ellas conforma a la vez un todo de infinitas informaciones. No existe la manera de encontrar una información causal. Por definición, cualquier *todo* ideal o material es una suma infinita de informaciones.

Esa extrañeza del comportamiento de la Conciencia se asemeja al modo en que se configura la existencia de la información: la información es siempre una agrupación y jamás una fracción. No detectamos jamás un instante sin información.

Adimensionalidad

La Conciencia no forma parte de un tipo de categoría de realidad; sin embargo, es la base cognitiva de cualquiera de ellas. Es imposible establecer una dimensión de medida de la Conciencia, tal como es imposible establecer una unidad de medida de la información. Circunscribir la Conciencia a un rango que determine o gradúe su naturaleza está más allá de nuestras posibilidades. Es otra extraña paradoja, tal como la anterior: gracias a la Conciencia podemos establecer categorías físicas, éticas, metafísicas o religiosas, entre otras, pero es imposible establecer categorías con las cuales clasificar a la misma Conciencia.

La ausencia de dimensión para definir y establecer parámetros de análisis de la Conciencia hace que su naturaleza sea difícil de escrutar. Mientras que la Conciencia es la base que permite conocer y asignar el sentido de realidad a las cosas, la información es el constitutivo mismo de la sustancia que se percibe. ¿Habrá realmente diferencia entre la fuerza que depara el saber y todo aquello que conforma el mundo?

La falta de herramientas que permitan diseccionar la información y la Conciencia para ordenarlas en categorías impide un juicioso análisis dialéctico de la realidad del saber y de la materia. Por esta razón la mente, por más interés que tenga en conocer conscientemente su propia génesis, está imposibilitada para lograrlo con los medios dialécticos.

Realidad

Toda existencia que se conozca forma parte de una realidad consciente. Ser consciente implica asignar un tipo de realidad a lo conocido, implica denotar como existente lo que se percibe. De igual manera, todo lo existente se manifiesta como una agrupación de información; incluso el concepto de «vacío» lleva consigo mismo un universo de informaciones que lo definen y otorgan el tipo peculiar de existencia que el concepto de vacío aporta.

La realidad es una amalgama de existencia que puede ser conocida gracias a que la Conciencia produce un especial saber. Todo constructo real se compone de algún tipo peculiar de información. No detectar información solo implica no ser consciente de aquello que se plantea como existente, y, sin importar si la realidad que se plantea es material o ideal, en ambos casos su sustancia esencial es información. Así como un evento existente posee un tipo de información que lo caracteriza, de igual forma la Conciencia interviene para determinar que dicho evento es conocido y, por lo tanto, deviene como real. La información y la Conciencia se acompañan, pues la sustancia de todo evento consciente es información.

Equivalencia entre información y Conciencia

Para la mentalidad occidental es difícil entender que el universo es un flujo no-diferenciado de Conciencia; una afirmación semejante causa sorpresa, si no confusión. Asumir que la sustancia que compone un evento es Conciencia lleva a una suposición de abstracción sobre la realidad de las cosas que no logra ser captada. Suele erróneamente considerarse a la Conciencia como una abstracción casi impenetrable, como una idea tan sutil que no puede ser la base de objetos materiales concretos. Afirmar que la Conciencia es la base de la materia y de todo lo existente, por tanto, no pasa de ser a primera vista una teoría un poco mágica y poco confiable.

En cambio, para Occidente sí es fácil entender que la materia es la base esencial de lo existente. Incluso las ideas pueden no ser más que una construcción fisicoquímica que ocurre en el cerebro mientras percibimos el mundo o nuestro interior. Una teoría de este cariz es al parecer más fiable. Aunque denote inmensos vacíos y un profundo desconocimiento de muchos procesos cognitivos, aseverar que la materia es la base sustancial de la realidad suele plantearse como algo más aceptable.

Esta visión se ha visto alterada con los últimos desarrollos en neurociencia y los avances en física cuántica, que nos llevan a proponer nuevas teorías sobre la base esencial que construye la realidad percibida. El concepto de información es una maravillosa y potente herramienta que permite estudiar la cognición y, la vez, el mundo físico. La naturaleza adimensional de la información hace que no se requiera una causa primera y elemental como base de cualquier configuración. El concepto de información y la imposibilidad de detectarla como fracción hace que podamos equipararla a conceptos que pueden llegar a denotar incluso totalidades definitivas, como el mismo «Absoluto». La cualidad de la información de constituir infinitas relaciones respecto a cualquier constructo existente hace notar, finalmente, que cualquier cosa, cualquier sistema material o ideal, puede definirse como suma y agrupación total[81] de infinitas informaciones.

La información como un campo

En virtud de lo anterior, podemos afirmar que cualquier fracción del universo ideal o material está compuesta de ilimi-

---

[81] Cualquier información es siempre una suma de informaciones, pero cada fracción de información es a su vez un todo de ilimitadas informaciones. El concepto *todo* tiene que ver con la unidad conceptual y estructural de un evento. Un *todo* es un avión, una nube o un recuerdo cualquiera. Nunca percibimos un campo de información fraccionado, y siempre cada fracción que detectemos o cualquier fracción de una sustancia material es, a la vez, un *todo*, una unidad conceptual.

tadas informaciones, es decir, de un número de intersección, de superposición y de relación de información que no tiene fin. El concepto «avión», por ejemplo, se puede definir como la suma de las informaciones físicas e ideales que lo componen. En este caso, cabe desde cada uno de los tornillos de su estructura, hasta la ideación de las leyes de la aerodinámica que cumple. Igualmente, un avión puede definirse por todo aquello que este mismo no es, por ejemplo, un avión no es un coche, no es una casa, no es el mar, y así sucesivamente. Las infinitas interrelaciones que existen de manera tácita en la información «avión» nos llevan a plantear que cualquier sistema es una intersección de infinitas informaciones. Finalmente, podemos definir cualquier constructo material o ideal como un campo constituido de informaciones infinitas. Todo concepto real, o todo ente material, son un conjunto infinito de relaciones de información advertidas por la mente como una unidad cognitiva y estructural.

La información, por lo tanto, posee la maravillosa complejidad que entremezcla la unidad y la infinitud. Todo evento estructural es una unidad conceptual, un todo constitutivo delimitado por las fronteras de los *nombres* y de las *formas* que mentalmente lo delinean y constituyen. Un avión es un avión, es decir, es un todo unitario, pero a la vez es una infinitud de relaciones superpuestas que lo conforman. Note el lector cómo el concepto de información interrelaciona, como se ha dicho, la unidad y lo infinito, conjugando ambas ideas sin conflicto alguno.

La Conciencia como un campo

Al ser definida la Conciencia como un *flujo no-diferenciado de saber y saber que sabe*, impedimos su fraccionamiento esencial; impedimos a la Conciencia estar constituida por una base esencial que, por suma, la encadene y la construya. La Conciencia no puede plantearse como suma de compuestos primarios, pues jamás nadie ha detectado semejante condición. La Conciencia actúa como un todo, favoreciendo la percepción y el saber de unidades conceptuales. Cada unidad se compone de información que, al ser detectada, se manifiesta a la vez como un todo conceptual. Siguiendo el ejemplo previo, el avión mismo no es más que la coincidencia de una suma de informaciones materiales asociadas a un concepto mental que se experimenta en un estado dual de cognición.

Esta integración de la información como un todo consciente, y la misma integración de la Conciencia como una totalidad de informaciones, nos permite equiparar ambas ideas. Podemos no solamente plantear la información como un campo de consciencia o un campo de cognición, sino que la Conciencia puede establecerse como un *todo* en un campo de información. Por tal razón, la realidad es un campo de información o, también, un campo de cognición. La realidad está constituida de infinitas informaciones y delimitada mentalmente por una apreciación conceptual. La Conciencia en sí misma es un raudal no-diferenciado de saber que detecta cualquier campo de información y lo convierte, como realidad asociada, en un campo de cognición.

Lo Real

¿Qué es lo Real? Lo Real ha de definirse, según lo dicho, como un campo de cognición donde las informaciones que lo conforman se aprecian como no-diferentes y la frontera que delimita dicho *todo* está abierta; es decir, lo Real es un campo no-diferenciado cuyas fronteras son abiertas. A dicha forma especial de cognición la denominamos estado de Meditación. En la experiencia meditativa la realidad adopta la esencial condición de no-diferenciación entre conocedor y conocido.

Cuando un campo de información o, en su defecto, un campo de cognición está compuesto de información que se detecta de forma diferenciada y se advierte que sus fronteras son cerradas, es decir, que se expresa como un todo conceptual, entonces dicho campo es irreal. Irreal no implica que sea inexistente; implica que dicho campo es inestable, pues las fronteras finales que lo delimitan cambian en razón del reacomodamiento de la información que lo constituye. Podemos percibir un avión, como elemento total y conceptual, para pasar posteriormente a detectar una de sus alas; así, el ala se convierte en una nueva unidad conceptual compuesta de infinitas informaciones. Sin embargo, del concepto ala se pasa al color blanco que detectamos como pintura de su superficie. Así pasamos de unidad a unidad, de un todo percibido a otro. Esta ruptura de la frontera del campo, debido al reacomodamiento de la información que detectamos en él, es lo que hace estimar que lo percibido no es Real. Todo campo cerrado es infinito pero irreal; posee infinitas informaciones, pero, por ser un todo conceptual, una unidad cognitiva aislada de las restantes y con fronteras cerradas, se la considera irreal.

El universo es información

Así, entonces, el universo puede expresarse como un océano de informaciones no-diferenciadas, esto es, de información que posee en sí misma todas las informaciones. Agregar a un campo de información la actividad consciente hace del campo de información un campo de cognición.

La equivalencia entre información y Conciencia nos permite estudiar la realidad como campos cerrados o abiertos, constituidos de información diferenciada o no-diferenciada.

Según cómo se establezca la percepción aparecerá entonces cualquiera de los cinco Estados de Conciencia estudiados previamente.

Hablar de información implica hablar de Conciencia, pues sus cualidades esenciales son similares. El término *información* es más cercano; el concepto *Conciencia* suele ser más abstracto y etéreo. Cuando a la información le otorgamos la capacidad de saber, de conocer, entonces la convertimos en un campo de cognición, en un evento conceptual con idénticas condiciones que la Conciencia misma que lo determina como real.

TABLA 2

**Estados de Conciencia y tipos de campos
de información y cognición**

Estado de Conciencia	Campo de cognición	Campo de información
Sueño	Diferenciado	Cerrado
Vigilia pensante y sintiente	Diferenciado	Cerrado
Concentración	Diferenciado	Cerrado
Concentración No-dual	No-diferenciado	Cerrado
Meditación	No-diferenciado	Abierto

Así pues, un campo de información está constituido por información material o ideal, y un campo de cognición corresponde a un campo de información con atributo de Conciencia en su información. Para plantear cómo está constituido el mundo, es fácil mostrarlo como campo de información. Para saltar a una concepción más metafísica y a una explicación más profunda de ese mismo mundo y de nosotros mismos, hemos de considerar la realidad como un campo de cognición, es decir, una agrupación de información dotada de Conciencia. Dicha capacidad consciente puede distribuirse de variadas formas según sea el campo abierto o cerrado o, en su defecto, diferenciado o no-diferenciado. Según sea la naturaleza del campo establecido —de información o de cognición—, la información adoptará, según el Estado de Conciencia, un conjunto de leyes físicas que regirán la condición material y un conjunto de leyes psicológicas que regirán el mundo ideal.

El universo, entonces, puede presentarse constituido de información diferenciada o no-diferenciada, conformando campos cerrados o abiertos de realidad. Hablar de que el universo es información o Conciencia es equivalente. El Vedanta plantea que la realidad que subyace y permanece siempre como sustrato de cualquier otra es aquella conformada por un campo abierto constituido de información no-diferenciada, es decir, el estado de Meditación, asociado al *Atman* como testigo[82].

La información como sustancia de la Conciencia

Cuando hablamos de sustancia nos referimos a algo que posee algún tipo especial de consistencia. Nuestro idioma es claro al definir el término *sustantivo* como algo que existe de forma independiente y que puede calificarse con cualidades específicas. Podemos, entonces, plantear que la *causa eficiente* del universo es la Conciencia y que la *causa material* es la información. La *causa eficiente* implica el orden inteligente y creador; la *material* alude a la sustancia base de todo lo creado.

El universo, en su extensión, es información material e ideal, es decir, sustancia material e ideal que, en un sinfín de

---

[82] Para que el lector tenga claridad sobre los diversos testigos de cada estado de cognición, le aconsejamos revisar la tabla 1. También es posible profundizar respecto a los diversos perceptores activos de cada estado revisando cualquiera de las restantes obras de Sesha (www.vedantaadvaita.com).

gradaciones y categorías, se manifiesta en objetos de variados rangos de sustancialidad. Toda sustancia está compuesta de información, y toda información es tan solo sustancialidad de la Conciencia.

La Conciencia es un continuo de información No-dual. Los objetos que apreciamos como diferentes poseen el inmenso don de estar interconectados por la infinita información que los compone. El universo, aunque esté compuesto de objetos, es un continuo sin diferencias. Para aclarar este último punto vale un ejemplo: imagine el lector una gota de agua; ella es claramente diferente de las restantes gotas de lluvia que caen; posee características físicas y químicas que la dotan de una identidad propia. Cuando finalmente la gota cae al océano, pierde sus límites pero jamás su identidad. La gota sigue siendo sustancialmente agua, pero sus límites ya no existen; ahora el límite se traslada a las inmensas playas que contienen el océano.

De igual manera, la información posee identidad sustancial, pero ella misma es un continuo de Conciencia pues, aunque cada evento sustancial existe, ninguno presenta una frontera esencial que lo diferencie.

De lo Uno al Todo, del Todo a lo Uno

La ciencia presume la existencia de la consciencia individual como axioma de su teorización. Incluso supone que la consciencia individual llega en ocasiones a expandirse, creando así nuevas formas de cognición. Así se explica la visión chamánica e incluso la experiencia mística, siempre partiendo de que la individualidad es la base primera de cualquier forma de realidad existente. En este caso, siempre se parte de lo *uno* y se plantea como meta final la experiencia del *todo*.

Tomemos un nuevo modelo de la Conciencia que plantea una nueva teorización, esta vez en otra dirección. Asumamos que la Conciencia es, de base, un rol universal, un continuo sin partes, ilimitado e infinito, que es la base de toda sustancia. Incluso, otorguemos a la Conciencia la opción de asumir un rol individual sin que pierda su condición infinita. Para tal caso, demos el siguiente ejemplo: un individuo duerme; le llamaremos el soñante. En su sueño se revelan incontables modalidades de sustancias materiales e ideales; a todo lo existente lo llamaremos lo soñado. El soñante crea lo soñado en sus diferentes gradaciones y categorías, pero lo soñado, aunque tiene identidad e individualidad, nunca posee fronteras definidas que lo hagan diferente del soñante. Lo soñado, aunque pareciera que posee identidad propia, nunca ha sido realmente independiente ni individual, es parte de un continuo ilimitado de Conciencia que se vierte en forma de sueño. En este caso, la consciencia del soñante parte del *todo* y se experimenta a través de lo *uno* de cada personaje soñado.

Esta es una de las más grandes diferencias que existen entre las filosofías de Occidente y Oriente. Occidente parte de lo *uno* y busca el *todo*; el Advaîta parte del *todo* y así explica lo *uno*, como algo que existe con identidad propia pero sin fronteras que realmente lo delimiten. A dicha forma de expresión de la Conciencia donde, sin importar qué fracción sustancial se determine, posee las infinitas condiciones de las restantes realidades, la denominamos No-dualidad.

Así, mientras la física cuántica no asuma el rol en que la Conciencia posea una actividad primordial universal y se exprese como un continuo sin partes, la esencialidad de su funcionamiento será inentendible. Las partículas cuánticas funcionan como un continuo sin partes con identidad propia, algo que aparentemente es un contrasentido pero que, al hilo de lo expuesto, no es así. La sustancia es información, y la información es Conciencia. Gracias a ello, cualquier sustancia puede interrelacionarse conscientemente con las demás informaciones de las restantes sustancias existentes, ya sean estas ideales o materiales.

Fracturada la actividad mental que denota sentido de individualidad, cualquier ser humano puede expresar su identidad sin por ello perder su comprensión de ser Conciencia ilimitada y No-dual. Todo ser humano puede ser partícipe de las extrañas ocurrencias de las partículas cuánticas, pues logra a la vez ser todo sin dejar de ser parte.

CAPÍTULO 7

Simetría y Vedanta

E l concepto de «simetría» es una de las herramientas más interesantes para estudiar la razón de ser de las fuerzas que conforman la naturaleza. Simetría implica el mantenimiento de la unidad del sistema físico mientras se realiza un proceso en él; es una propiedad de la naturaleza que genera sentido de identidad en los sistemas físicos, aunque estos presenten un tipo de actividad específica.

Simetría no solamente es el equilibrio estético que se plantea en el mundo del arte, donde la composición de un maestro adopta una belleza contundente. También tiene que ver con el nivel de actividad de la naturaleza y su sentido de unidad antes y después de cualquier medición que se realiza de una variable física.

SIMETRÍA

La simetría implica el sentido de identidad y permanencia ante una actividad de un sistema físico. Por ejemplo, una esfera que gira alrededor de uno de sus ejes presenta una conformación geométrica similar mientras se realiza la rotación, razón por la cual se habla de simetría axial en el espacio o rotacional. Podremos concluir entonces que, ante el movimiento de la esfera, se mantiene un tipo de identidad geométrica del sistema. La simetría rotacional se manifiesta en el sistema físico que gira en torno a un eje y permite notar la ausencia de cambio geométrico ante la presencia de una actividad física rotacional. La simetría rotacional tiene que ver con la invariabilidad física del sistema ante un proceso de rotación ocurrido en él. Evidentemente, si dibujamos un pequeño punto en algún lugar de la superficie de la esfera notaremos que este va cambiando en función del giro, de manera que en cada momento estaría en un lugar diferente; en este caso estaríamos hablando de la medición local del sistema. Nuestro ejemplo muestra específicamente la simetría global del sistema, y no la local.

También es posible observar en las construcciones arquitectónicas un tipo especial de arco de medio punto que muestra la similitud de su trazado respecto a su eje vertical, donde la mitad de arco izquierda es simétrica a la otra mitad derecha. Este tipo de simetría axial en el plano, donde un lado de un cuerpo es simétrico al otro, suele ser denominado como simetría lateral. En este caso también el sistema físico muestra un tipo de identidad del sistema, donde una parte de él es simétrica a la otra. El concepto de simetría manifiesta, así, la aparición del cambio para, al mismo tiempo, mantener el nivel de unidad del sistema.

Existe, además, un tipo de simetría especular en la cual un cuerpo y su imagen reflejada en un espejo son similares en un todo, excepto que la información que en el cuerpo se manifiesta a la izquierda, en su reflejo aparece a la derecha. Es el caso de colocarnos frente a un espejo y observar cómo nuestro reflejo manifiesta una cierta identidad con nosotros mismos. El reflejo se parece a nosotros excepto en el hecho de que izquierda y derecha se cambian. Mientras nosotros levantamos la mano derecha, por ejemplo, nuestra imagen reflejada hace lo propio con la izquierda. Tal y como se ha apuntado, el concepto de simetría introduce la posibilidad de observar y medir un sistema físico cualquiera permitiendo invariabilidad en él. Existen muchos otros ejemplos más de simetría como, por ejemplo, la invariabilidad de las leyes de la naturaleza al multiplicar las ecuaciones matemáticas que las describen por menos uno (−1), o la aparición en laboratorio de igual número de cargas positivas y negativas al crear materia chocando partículas atómicas a altas velocidades. La conservación de carga es una manifestación del alto nivel de simetría que opera en la naturaleza. ¿Cómo puede la naturaleza proceder a realizar una actividad física en un sistema y mantener invariabilidad en él? La respuesta es la simetría inherente que existe en ella gracias al profundo sentido de identidad que existe de base en toda la naturaleza.

Simetría, entonces, implica la invariabilidad de un sistema físico cualquiera —un campo de información—, ante la presencia de una actividad física, como rotación, lateralización, especularidad, invariabilidad de las ecuaciones matemáticas o la conservación de carga eléctrica. Estos tipos de simetrías globales son sencillas de entender, pues no implican un tipo de medición de variables complejas de los sistemas. Pasaremos a estudiar otro tipo de operaciones físicas que generan igualmente tipos de simetrías locales en los sistemas a medir.

Simetrías de GAUGE

También llamadas «simetrías de estimación». La estimación implica un tipo específico de medida de una fracción del sistema, en relación con la aparición de las fuerzas asociadas al sistema antes y después de la estimación. Cuando se estiman las propiedades de una fracción de un sistema físico cualquiera, por ejemplo, su velocidad, realizamos un tipo especial de me-

dición, de estimación. Si junto a la estimación que realizamos
del sistema notamos que antes y después de ella existe invariabilidad del sistema, esto nos lleva a concluir que el campo de
información presenta un alto nivel de simetría. Planteamos entonces que el sistema físico manifiesta un tipo de simetría gracias a que en la operación de medición realizada se manifiesta
un tipo de estabilidad antes y después de los procesos físicos
observados.

Al transitar a alta velocidad por una autopista y tomar una
curva pronunciada, es fácil notar que el sistema físico completo, denominado vehículo, responde ante la inminencia de
la curva intentando salir de la carretera. El cambio de estimación física de su trayectoria lleva a la aparición de la fuerza
centrífuga, que intenta sacar el vehículo de la carretera, y de
la fuerza centrípeta, que lo mantiene sobre el asfalto. Es de
notar, entonces, que un cambio de estimación en la dirección
hace que aparezcan fuerzas de compensación en todo el sistema físico. Puede afirmarse que las fuerzas centrípeta y centrífuga tienen como función compensar físicamente el sistema
debido al cambio de estimación de la trayectoria que en él se
produce.

En el caso de que uno de los ocupantes del vehículo se
encontrara dormido mientras se toma la curva, no notaría la
aparición de las fuerzas centrífuga y centrípeta. Si abriese los
ojos metros después de que el vehículo fuera nuevamente
recto, afirmaría que no se ha cambiado la trayectoria, pues no
ha notado ninguna fuerza sobre su cuerpo. Él afirmaría que
las fuerzas que operan sobre su cuerpo son las mismas antes
y después de dormirse. En cambio, los compañeros de viaje
que sí han estado despiertos todo el tiempo afirmarían que
antes de la curva pronunciada no había presión de contacto
entre ellos; que durante la estimación de la curva sí había
contacto y presión por las fuerzas que aparecieron y que, finalmente, el vehículo se equilibró y permanecen ahora senta-

dos sin presión alguna entre ellos, tal como acontecía antes de la estimación.

En ambos casos, ya sea con un ocupante dormido o con varios de ellos despiertos, notamos que finalmente a la naturaleza le es importante presentar invariabilidad en todos sus sistemas antes, durante y después de cualquier estimación física. El sentido de equilibrio, de identidad que prospera antes y después de las estimaciones —mediciones— lleva a presentar un tipo de simetrías especiales a las que denominamos simetrías de *gauge*.

SIMETRÍA Y BELLEZA

Los físicos teóricos concluyen que la naturaleza es altamente simétrica: las fuerzas de la naturaleza nacen y mueren para compensar los cambios de estimación o de medición que ocurren en los sistemas físicos. Es decir, las fuerzas[83] son los elementos que la naturaleza utiliza para compensar y mantener invariantes los sistemas físicos. Esto se asemeja al concepto de «conservación», donde la energía de un sistema cerrado, sin importar qué tipo de energía se manifieste, siempre es constante. No importa la actividad que realice la naturaleza; el sistema siempre procura un altísimo nivel de simetría y conservación en sus constituyentes.

El análisis de las simetrías de *gauge* es tan importante que se ha convertido en el medio más certero para analizar las cuatro fuerzas de la naturaleza y encontrar en ellas su sentido de unidad a través de la denominada superfuerza. Los físicos teóricos sueñan con la posibilidad de encontrar un tipo de simetría

---

[83] Nos referimos a las cuatro fuerzas de la naturaleza: la fuerza gravitatoria, que tiene que ver con la atracción de los cuerpos en función de su masa; la fuerza electromagnética; la fuerza fuerte, que tiene que ver con la actividad que ocurre dentro del núcleo atómico y permite la estadía en él de partículas con igual carga, y la fuerza débil, que tiene que ver con los procesos de radiación.

que permita describir matemáticamente la actividad de las cuatro fuerzas y establecer una única forma de expresión de las mismas.

La invariabilidad de un sistema que realiza una operación física implica entonces, como hemos dicho, un sentido de simetría. Pues bien, dicho sentido de unidad ante el cambio es también lo que promueve la expresión de la belleza en la expresión artística. La belleza es una actividad integradora que impide el fraccionamiento de las partes que componen un todo. De igual manera, la simetría induce la permanencia del sentido de unidad del sistema físico. Ambas, belleza y simetría, caminan por los senderos de la invariabilidad y la estabilidad del todo que componen. Por ello, para los científicos existe un alto nivel de estética en traducir matemáticamente las leyes de la naturaleza a las simetrías que en ella intervienen. La belleza que promueven algunas veces las ecuaciones son una manifestación de invariabilidad de sus descripciones y, por lo tanto, un síntoma inequívoco de que corresponden a descripciones reales de eventos físicos.

No es extraño encontrar a eminentes matemáticos con un sentido profundo de la estética, y es que las matemáticas llevan a la expresión de un orden ante la descripción del movimiento. Por eso suele denominarse como «elegancia» al tipo de descripción matemática que lleva un alto sentido de simetría. Existe siempre un rapto de belleza en una ecuación matemática o en una idea que verifica y explica una ley universal.

SIMETRÍA Y VEDANTA

En el lenguaje filosófico del Advaîta podemos reemplazar, como hemos visto, tanto el concepto de un sistema físico[84]

---

[84] Un avión, un coche o un simple tornillo; igualmente, una tormenta o la explosión de una supernova.

como cualquier concepto ideal[85] por el de un campo de información, esto es, tanto materia como idea pueden expresarse como información. Adicionalmente, el lenguaje filosófico del Advaîta permite relacionar un campo de información con un campo de cognición. Existe de base una equivalencia entre información y Conciencia[86]. Por tal razón, tal y como se ha expuesto, cuando a la información que compone un campo se le otorga la capacidad consciente, entonces podemos hablar de un campo de cognición.

Así pues, denominamos simetría al sentido de identidad presente en la diferenciación. En los campos *no-diferenciados* el sentido de simetría es propio de toda la información constituyente; en los campos constituidos de *información diferenciada* el sistema tiende a manifestar siempre simetría, razón que lo lleva a evolucionar. Trataremos de profundizar en estas afirmaciones.

En los campos no-diferenciados la información no presenta ningún tipo de cambio ante la eventualidad del aparente movimiento que acontece en él; el cambio mismo es un tipo de información que no representa modificación alguna respecto a las restantes informaciones. En los campos diferenciados la información busca, mediante la simetría, mantener un tipo de unidad ante el fraccionamiento que se detecta en la información; en estos campos diferenciados el movimiento lo propicia un agente, un sujeto que introduce modificaciones en la información y que las hace notar como diferentes la una de la otra.

Planteamos que la No-dualidad asociada a un campo abierto es una multisimetría, es decir, la información No-dual que constituye un campo abierto no advierte cambio alguno en

---

[85] Una idea cualquiera, un sentimiento, un pensamiento, una emoción o una pasión; cualquiera de ellas se asimila al concepto de información como base esencial de su sustancialidad.

[86] Aconsejamos al lector repasar el capítulo 6, «Información y Conciencia».

cualquiera de sus partes, aunque cualquiera de sus partes se mueva respecto a las restantes. Esta aparentemente loca pero maravillosa forma de ver el mundo tiene raíz en el Estado de Conciencia asociado a la Meditación.

En la interpretación dual de mundos diferenciados, como aquel en el que nace y muere la mente del ser humano, la realidad cobra visos de continuo cambio. El movimiento es el factor que impulsa la evolución y el tiempo marca un derrotero siempre en dirección al futuro. En este mundo dual los objetos ideales y materiales se ven en continua transformación hacia una meta desconocida. Las fuerzas que imperan en la naturaleza moldean el universo generando la posibilidad de todo tipo de vida orgánica e inorgánica. La simetría induce un sentido de unidad y estabilidad que ya olvidamos y que se manifiesta como base de todo lo existente, porque, una vez más, simetría es la idea que unifica e integra el sentido de diferenciación que existe en todo campo de información dual.

SIMETRÍA EN LA COGNICIÓN

Como hemos apuntado anteriormente, la cognición es una de las actividades más complejas que realiza el ser humano, si no la más difícil de entender en profundidad. Igualmente, hemos señalado que la cognición puede tratarse como información asociada a la Conciencia y que la relación entre información y Conciencia, gracias a sus similares atributos, permite equivalencias teóricas insospechadas para el entendimiento de la cognición.

La simetría, como proceso de invariabilidad de los sistemas físicos, puede asignarse igualmente a los sistemas ideales. Las cuatro fuerzas que operan en la naturaleza y que determinan el funcionamiento de todos los sistemas físicos presentan similitudes con las fuerzas que operan en la mente humana.

LA VOLUNTAD COMO FUERZA BÁSICA DE ACCIÓN

La voluntad es una fuerza que lleva un sentido de dirección hacia la obtención de alguna meta. Voluntad es voluntad «de hacer». Así como en el terreno de la física clásica se estudian las cuatro fuerzas que operan en la naturaleza, así en el terreno cognitivo existen varias fuerzas que interactúan para conformar el mundo ideal. La voluntad es una de ellas.

Existen sinónimos con los cuales podemos referirnos a la voluntad; uno de ellos, y el más conocido, es «intencionalidad»; otras expresiones psicológicas que denotan la aparición de la voluntad en los diversos procesos cognitivos se expresan bajo los conceptos de «interés» o «deseo». En todos ellos hace presencia la voluntad como impulso de acción, como fuerza que impulsa la actividad individual humana, que determina el movimiento de los contenidos mentales y que, como tal fuerza, se asemeja a cualquiera de las fuerzas físicas, como la gravitatoria o la electromagnética, en el sentido de que opera poniendo en contacto información ideal obligándola a plasmarse en el marco espacio-temporal psicológico.

EL «YO» Y LA VOLUNTAD

La voluntad es la *fuerza* de expresión básica del «yo», que es la unidad funcional epistemológica y básica de la cognición. No existe consciencia personal de una fracción más pequeña que la idea misma del «yo». La psique humana se construye a través de innumerables ideas, pero la base mínima que reporta la cognición personal es la unidad denominada «yo».

La voluntad es la fuerza disgregadora que utiliza el «yo» para interrelacionarse consigo mismo y con el mundo. La fuerza de voluntad introduce la segmentación del tiempo y del espacio psicológicos y, con ello, la clara diferenciación entre conocedor y conocido. La intromisión del «yo» implica la aparición del mundo de los objetos; ambos, objetos y sujeto, conforman los posibles diversos Estados de Conciencia permitidos al ser humano. La presencia de la voluntad introduce el fraccionamiento de cualquier campo de información en objetos y sujeto a tal punto que, de hecho, la misma consciencia personal es una manifestación del impulso volitivo en el proceso cognitivo humano. La fuerza de voluntad pone en movimiento la información ideal y crea, junto a sus diferentes variantes —interés, deseo, anhelo, intencionalidad—, toda suerte de segmentaciones mentales que conformarán la apreciable riqueza de aspectos psicológicos.

LA VOLUNTAD COMO UN ACTO DE ESTIMACIÓN

En párrafos anteriores se hacía referencia a las simetrías de *gauge*, a las simetrías de estimación. Se analizaba en ellos cómo los físicos teóricos afirman que, para compensar los cambios de estimación —medición— de un sistema físico, la naturaleza induce la aparición de fuerzas compensadoras: gravitatoria, electromagnética, débil y fuerte. Esto es, las fuerzas son el mecanismo que la naturaleza utiliza para mantener el principio de equilibrio y de identidad de un sistema físico. Al parecer, la naturaleza prefiere la integración a la disgregación, y pareciera que va siempre en pos del equilibrio en todos sus procesos físicos. La presencia de las fuerzas en la naturaleza mantiene un equilibrio de los sistemas físicos y genera un sentido de identidad antes y después de la medición (estimación).

Cuando un individuo realiza cualquier proceso cognitivo, implícitamente realiza una estimación, una valoración, y dicha valoración lleva a estimar idealmente una percepción. Las estimaciones, valoraciones o mediciones ideales llevan a reconocer que una pared es blanca, que soy diferente de la pared que percibo, o que la pared es de mi propiedad. En síntesis, hay miles de conclusiones a las que se puede llegar realizando una percepción cualquiera. Cualquier estimación conceptual y volitiva genera sentido de diferenciación cognitiva, esto es, diferencia la realidad entre perceptor y percibido e induce la creación de un mundo dual. En este mundo dual cognitivo la realidad se reparte entre el mundo conocido y su conocedor.

Percibir un evento cualquiera y reconocer su existencia es un acto de estimación, similar al que realiza un científico cuando advierte una característica mensurable de un sistema físico. En el caso de una medición ideal, es decir, de la detección de una variable ideal, la estimación lleva a la comprensión de un evento, a la realidad que ofrece ser consciente de su existencia. Cuando un individuo realiza una estimación —medición, valoración, juicio, etcétera—, pone en marcha una serie de simetrías que permiten afirmar que dicha estimación no modifica esencialmente la realidad percibida y otorga al sistema un sesgo de identidad. Dicho sesgo de identidad es, en su expresión esencial y total, lo que denominamos No-dualidad.

VOLUNTAD Y *KARMA*

Cuando un individuo realiza una estimación cualquiera[87] y en ella hay sentido de yoidad, entonces aparece una fuerza compensadora que denominamos *karma*, cuyo único fin es permitir el sentido de unicidad e individualidad del mundo dual.

Aunque cualquier persona detecte mentalmente sentido de diferencia, gracias a la presencia egoica en el sistema, dicho sistema mantiene un sentido de identidad antes de la estimación

---

[87] Es decir, realiza una valoración ideal, como decidir sentarse, llevar a su boca comida, mirar el cielo o ir a dormir; esto es, cualquiera de las miles de posibilidades que tiene de reacción consciente ante un evento.

realizada y después de ella; es decir, el mundo es idéntico antes y después de pensarlo. Todo sistema, según el Advaîta, está compuesto de información no-diferenciada. Cuando la mente del sujeto ingresa como agente activo consciente y estima un evento cualquiera, el «yo» se convierte en parte del panorama mismo de la percepción. La intromisión del «yo» hace que el ambiente se advierta diferenciado —sujeto conocedor diferente de objeto conocido— y que ese mismo «yo» se convierta en el agente psicológico en forma de sujeto conocedor. Entonces, cuando un individuo realiza una estimación del mundo y hay «yo», la realidad se disecciona mentalmente en una dualidad cognitiva. Aunque dicha realidad diseccionada es momentánea, pues acontece solamente mientras existe el «yo» en la percepción, el sistema dual se compensa con la aparición del *karma*, tal como un sistema físico se compensa a través de las cuatro fuerzas de la naturaleza para mantener el sentido de identidad que la naturaleza solicita en todos sus procesos.

EL *KARMA* COMO IMPULSOR DE SIMETRÍA EN EL MUNDO DUAL

El *karma* es la fuerza que induce el sentido de unidad y continuidad de la dualidad. Gracias al *karma* el universo dual, que es inestable, puede experimentarse con sentido de identidad y unidad. Ante cualquier medición que implique la presencia egoica, el *karma* nace como fuerza compensatoria en la dualidad y genera un sentido de simetría en el sistema que conoce. El *karma* enlaza pasado y futuro, dando al sistema de percepción un sentido de continuidad que le hace ver evolución a través del tiempo.

El universo es esencialmente simétrico, es decir, posee un sentido de identidad antes y después de cualquier estimación que se realice sobre cualquier fracción de él. Además, el universo es esencialmente No-dual, pero aparece a la mente del perceptor como diferenciado y dual. En resumen, el universo sigue siendo No-dual aunque exista la presencia del «yo», y cuando esta presencia se advierte, la naturaleza genera un sentido de unidad e identidad del sistema gracias a la aparición de la fuerza del *karma*, que integra el mundo dual y le otorga sentido de unidad en el marco espacio-temporal.

LAS CUATRO FUERZAS DE LA FÍSICA CLÁSICA Y LA FUERZA DEL *KARMA*

Las cuatro fuerzas que operan en la naturaleza moldean la información que constituye los cuerpos físicos. Gracias a estas fuerzas emergen las propiedades físicas y químicas de cada átomo, de cada molécula y de toda conformación material, otorgando características únicas a todo sistema físico. El universo es un océano de informaciones que interactúan unas con otras gestando nuevos y más complejos campos de información, pero toda esta complejidad posee una directriz y un orden. Al parecer, el orden que establece la naturaleza se basa en la constante permanencia de simetrías. Todo lo construido por fuerzas debe ser simétrico, es decir, todo cambio en la naturaleza debe permanecer bajo la mira de leyes que operen otorgándole al sistema de información un sentido de identidad antes y después de cada estimación realizada.

De igual manera, las estimaciones realizadas a nivel cognitivo, a las que denominamos campos de cognición duales, cuya información básica se divide en observador y observado, poseen también un tipo de simetría. La naturaleza obliga a que las percepciones sean esencialmente simétricas. Así, cuando se realiza una estimación cualquiera cognitiva en un campo diferenciado, es decir, con presencia egoica, el universo se refleja dual. En este universo dual, donde se advierte cambio de una cosa en otra, hay esencialmente un sentido de identidad. Dicho sentido de identidad emerge gracias a que la aparición del «yo», y la fuerza de voluntad implícita en él, se compensan con la aparición de la actividad kármica. Basta que exista una percepción yoica y simultáneamente surge el *karma* como fuerza compensatoria del sistema cognitivo. De igual manera, basta que no haya sentido de diferenciación en la percepción, esto es, que no exista sentido de «yo» en la estimación, y el sistema tiende inmediatamente a relacionarse de otra forma introduciendo la búsqueda natural de una representación No-dual.

Karma y dharma

Suele afirmarse que las leyes fundamentales de la física se conservan, lo cual quiere decir que, ante la variación de la información que compone el sistema mismo, siempre hay variables generales que se mantienen constantes. Por ello se habla, por ejemplo, de la conservación de energía o de la conservación de carga eléctrica en sistemas cerrados. La naturaleza nos muestra cambios, pero también nos enseña la existencia de estabilidad en los mismos. En general, lo que la naturaleza nos muestra es la estabilidad básica que hay en ella. Finalmente, pese a que el movimiento de la información advierte cambios en el sistema, hay algo que no se modifica en él. A ese concepto de «cambio sin cambio» lo denominamos simetría.

La aparición de campos cognitivos, entendidos como información asociada a consciencia, representa lógica y necesariamente la existencia de información. Un campo de información cualquiera se diferencia de uno de cognición por la ausencia de la actividad consciente en el primero. Sin embargo, como hemos visto, información y Conciencia se equiparan, razón por la cual podemos estudiar cualquier campo de información como uno de cognición y viceversa. La aparición de diferenciación en la información del campo de cognición, y el sentido de dualidad que expresa, se debe justamente a la presencia del «yo» como agente de conocimiento. El «yo» hace ver el campo como dual, pero la aparición de la fuerza compensadora del *karma* ejerce una actividad de integración en el sistema, como elemento compensatorio del aparente movimiento que en él se expresa a nivel cognitivo.

Repasemos: mientras exista un sujeto, un «yo», habrá una percepción consciente diferenciada de la información en cualquier campo de cognición. Cuando el campo de cognición estima y detecta información, pero no conforma un sentido de yoidad en dicha cognición, entonces la información no requiere ser compensada por la fuerza kármica, razón por la cual es posible realizar la acción cognitiva sin que se genere *karma*. El *karma* induce sentido de unidad y continuidad a un sistema cerrado. A la ausencia de *karma* en la acción cognitiva, debido a la ausencia misma del «yo» en la cognición, se la denomina *dharma*.

El *DHARMA* COMO ACTIVIDAD LIBERADORA

La realización de una acción cognitiva, o, dicho de otra forma, cualquier tipo de estimación cognitiva que lleve implícita la voluntad o la presencia del «yo», induce la aparición de un sistema cerrado conformado por información diferenciada. El *karma* es la fuerza compensatoria que nace ante el proceso de pensar, del que forma parte el «yo». En cambio, cualquier acción o estimación cognitiva realizada sin presencia de yoidad induce la percepción de la información como no-diferenciada, asociada a un campo abierto; dicho campo abierto se experimenta en el Estado de Conciencia denominado Meditación.

Convertir la acción en un instrumento de liberación implica impedir la aparición del sentido del «yo» en la cognición. La tradición Vedanta ha convertido la acción y el pensar en un medio liberador, de manera que la solución a la ignorancia y, en consecuencia, al dolor humano es la presencia de campos abiertos constituidos de información no-diferenciada como respuesta ante una cognición cualquiera. Lo Real es un campo abierto constituido de información no-diferenciada, y el *dharma* es el medio para conocer lo Real y conocerse Realmente.

El *dharma* no tiene que ver con un compendio de acciones virtuosas. Los caracteres «bueno» y «malo» con que se moraliza la acción no son parte del *dharma*. Este y sus sinónimos, *recta acción* o *karma yoga*, tal como se expresa en la tradición oriental, son un instrumento de autoconocimiento. El *dharma* es el entorno correcto de realización de la acción, esto es, un entorno actuante donde se fluye ante la acción sin la aparición del sentido egoico, sin que aparezca la fuerza compensadora del *karma*.

La libertad final

Convivimos con un universo cuyas leyes físicas van camino de ser entendidas en su funcionamiento. El nacimiento de las cuatro fuerzas constitutivas integra la información y la dispone a conformarse en sistemas que interactúan unos con otros. Somos testigos del nacimiento de estrellas y de la muerte y el cambio de todo lo existente. A nuestro alrededor todo nace y muere. La creación incesante está por doquier. Sin embargo, ante cualquier evento percibido, solemos ser una parte más de la inmensa unidad que nos cobija.

Hay otras formas de ver nuestro entorno, en las que el mundo se dibuja con pinceles que hacen vernos como parte no-diferenciada del mundo percibido. La No-dualidad es la idea más inteligente que existe en el compendio de la percepción Advaîta, y las implicaciones de su análisis llevan a conclusiones francamente maravillosas, a nuevas formas de ver e

interpretar la realidad. La No-dualidad es un camino completamente libre que permite una experiencia certera del saber y
del ser; es la herramienta que le da sentido a la libertad final,
a ese eternal estado donde el universo cambia sin cambio,
donde lo Real se confunde en el mágico juego de la ilusión sin
perder su esencia.

CAPÍTULO 8
Las miles de historias

Richard Feynman, intentando desentrañar el misterio de la interferencia de las partículas subatómicas, aportó a la mecánica cuántica una interesante teoría a la que se llamó «la suma de historias». Algo más de un siglo antes del advenimiento de la física cuántica, Thomas Young, médico y físico, realizó una serie de experimentos denominados de «doble rendija», gracias a los cuales era indudable determinar la condición ondulatoria de la luz. Desde la época de Newton existía cierta pugna por determinar si la luz era corpúsculo u onda; el experimento de la doble rendija inclinó la discusión hacia el lado de la naturaleza ondulatoria de la luz hasta que, finalmente, Einstein renovó la suscitada discusión poniendo en claro, gracias a la solución del efecto fotoeléctrico, que la luz debía de comportarse como un corpúsculo. Actualmente, se asume que la luz tiene ambos comportamientos: es simultáneamente onda y corpúsculo.

LA NATURALEZA DE LA INTERFERENCIA

Es sabido que cuando dos ondas se encuentran en fase se suman, y que cuando no lo hacen tienden a contrarrestarse y

anularse. Por tal motivo la luz, al pasar por dos rendijas conti-
guas, produce un tren de interferencias cuyo resultado crea la
proyección de franjas con patrones de zonas claras seguidas de
zonas oscuras; a dicho fenómeno suele denominársele «interferencia».

Feynman era un observador nato de la naturaleza y se pre-
guntaba por los caminos o trayectorias que los fotones debían
seguir para producir dicho fenómeno de interferencia. La lógica
simple asume que cualquier fotón de luz lanzado y que traspase
las rendijas debe interferir con otro fotón para así anularse y
producir la franja oscura que se detecta al interferir. Igualmente, y por lógica, en el caso de la franja luminosa asociada al
patrón de interferencia debía existir un mecanismo de refuerzo
en las ondas asociadas a los fotones, que les permitía enmarcar
con claridad su franja de interferencia luminiscente.

El aporte de Feynman fue de lo más inusual y contrario a la
lógica. Según él, un fotón no sigue un único y exclusivo camino
entre que es lanzado, se desplaza hasta las rendijas, las atravie-
sa y finalmente topa con una pared que demuestra si interfirió o
no con otras partículas. Al contrario: la partícula subatómica
asume todos los probables estados, es decir, las infinitas posiciones o trayectorias probables entre que es lanzado y finalmente llega a su objetivo; es algo equivalente al coloquial dicho de
que «todos los caminos conducen a Roma», en consideración a
las infinitas variantes que una partícula cuántica posee mientras
realiza su desplazamiento.

EL VECTOR FASE

Dicha afirmación asombró en aquella época, pues la experiencia cotidiana riñe con semejante supuesto. Un fotón lanzado podría ir a cualquier lugar del universo y volver, hacer pirue-
tas inimaginables entre galaxias y regresar a interferir con otro

fotón que venga de otro viaje con trayectorias completamente diferentes. Feynman logró establecer un mecanismo gráfico que permitía representar la posición de la onda viajera en cualquier momento asociándola a un vector. Así, entonces, según la onda esté en la fracción de cresta o en la de valle, se le asocia al vector una dirección que representa su posición. Finalmente pasa algo paradójico: las infinitas posiciones que demuestra un fotón lanzado llevan a la conclusión de que la trayectoria más probable es aquella que la física newtoniana describe.

Todos los innumerables vectores que asume la posición de una onda en el viaje de un sitio a otro se suman y se restan generando, al final, una línea aproximadamente recta, tal como lo predice la física clásica. Dicha trayectoria es la que probabilísticamente tiene más opción de seguir la partícula subatómica que es disparada hacia un blanco determinado.

MILES DE HISTORIAS

Así, entonces, una partícula subatómica es simultáneamente las miles de historias que representa su trayectoria y está simultáneamente en todos los lugares del universo. Si a ello le sumamos la particularidad cuántica del principio de incertidumbre, podremos afirmar que una partícula cuántica está no solamente en todas partes, sino probabilísticamente en todos los tiempos. Es asombroso que la realidad de una fracción tan mínima de energía manifieste consideraciones de infinitud que solo otorgamos a lo divino.

El desenlace final de observar un tren de interferencia es la consecuencia de un proceso de infinitud previo que no detectamos. Sin embargo, si cerramos una de las rendijas e intentamos saber, insertando una sonda, por qué lugar de la otra rendija pasa el fotón al ser disparado, también se produce un patrón de interferencias, es decir, el fotón interfiere consigo mismo. Así, se concluye la extraña circunstancia de que observar modifica la naturaleza cuántica de un objeto. Evidentemente, una de las historias posibles de la partícula cuántica es la cercanía al observador mismo. Ella está antes y después de la decisión del observador de intentar saber por qué parte de la rendija pasará el fotón. Esto es, el universo tal como lo vemos es la consecuencia final de procesos desconocidos. Nuestro universo es como el patrón final de interferencias, pero desconocemos la infinitud previa de procesos y circunstancias que desembocan en dicho fenómeno de interferencia.

¿Es acaso un fotón lo que describimos de él cuando lo apresamos y lo definimos mediante características como energía, peso, *spin*, carga y demás, o él es acaso lo que es previo a dicha cuantificación? Si es previo, entonces nos asomamos a lo infinito, y no tenemos herramientas mentales ni físicas para entender ni movernos en dichos mundos. Si la realidad de un fotón es la *suma infinita* de localizaciones o historias, sumada a los *infinitos tiempos* de desencadenamiento entre pasado y futuro, entonces algo en nuestra cabeza no va bien y nuestra condición de ver el universo tal como lo detectamos normalmente con características específicas es errónea. Nuestra mente no alcanza a entender la inconmensurabilidad de lo que sucede a nuestro alrededor, justamente antes de que la voluntad induzca la posibilidad de tomar una decisión y colapse la infinitud de las probabilidades a una sola de las posibles opciones existentes. La voluntad del individuo convierte la infinitud en secuencialidad.

LA UNIDAD DE INFINITOS

Ya previamente[88] hemos analizado cómo un objeto posee intrínsecamente infinitas cualidades que lo conforman y cómo

---

[88] Invitamos al lector a releer el capítulo 4, «La naturaleza de la información», donde se han establecido las bases teóricas de las ideas que a continuación se exponen.

se relaciona de forma ilimitada con los objetos circundantes desde la perspectiva de su cognición.

El libro que ahora mismo lee el lector es la suma de inagotables informaciones: papel, tinta, tamaño, peso, editorial, diseñador, escritor, corrector, vendedor, comercializador..., y así, sin parar, hasta el infinito. Igualmente, el libro no es quien lo lee, ni las paredes, ni la silla sobre la que se sienta. Es decir, cognitivamente hay infinitas relaciones entre el objeto mismo, el libro, y los demás elementos circundantes.

Notamos el libro y lo llamamos como tal. La palabra «libro» encierra de forma sucinta las informaciones que la resumen. Cuando a un objeto lo pensamos, lo encerramos en el *nombre* y en la *forma* que los sentidos detectan y la mente recuerda. El Advaîta afirma que, al pensar un objeto e intentar localizarlo bajo alguna fracción de relacionamiento mental, el objeto se «cierra», esto es, sus fronteras conceptuales lo delimitan. Todo objeto se convierte en una *unidad de infinitas informaciones* al ser pensado, en una unidad con infinitas informaciones resumidas mentalmente en un *nombre* o en una *forma*.

Todo lo percibido mentalmente se reduce a unidades conceptuales cuya naturaleza es una infinitud de informaciones constituyentes. Cada vez que detectamos y conocemos algo de manera dialéctica, establecemos fronteras que nos permiten detectar objetos infinitos y reconocerlos como entes cerrados, delimitados. Nunca detectamos simultáneamente las infinitas informaciones que los constituyen, de manera que, para saber más cosas de un objeto, nos lanzamos secuencialmente a definir sus variadas características una tras otra. Al introducir la frontera conceptual emerge el sentido de tiempo y de espacio, entonces vemos que cada pequeña característica del objeto conocido va del pasado evolucionando al futuro, en un rapto de infinitud de tiempo.

Los objetos percibidos, cualesquiera que ellos sean, siguen siendo infinitos, y la relación de infinitud de estos objetos se mantiene igualmente con el entorno. Nada ha cambiado en el universo cuando lo conocemos dialécticamente, excepto que ahora lo pensamos. Al pensarlo, trasladamos la infinitud a cada característica secuencialmente activa: papel, tinta, etcétera, dentro de un marco espacio-temporal.

LAS INFINITAS UNIDADES

¿Qué pasaría si pudiéramos investigar un fotón mientras recorre sus miles de historias antes de interferir o no con otra partícula o consigo mismo? Evidentemente tendríamos que evitar sugerir al investigador ir a un sitio u otro a buscarla, pues la partícula ya está en todos los lugares ubicuamente. Deberíamos también evitar sugerirle al investigador recordar, pues la partícula ya está tanto en el pasado como en el presente y el futuro; está en todos los tiempos simultáneamente, formando parte de las miles de historias posibles. La única opción sería pedirle al investigador que reaccionara al unísono con la partícula, pues cualquier otra opción llevaría a esta a adoptar una cualquiera de sus infinitas condiciones probabilísticas.

De igual manera, a nivel cognitivo, si acompañásemos cualquier percepción sin intentar volitivamente modificarla, es decir, si reaccionáramos continuamente ante un objeto que forma parte del *presente*, el objeto acabaría mostrándose tal como es: una infinitud de informaciones que interactúan con todas las restantes gracias a la relación consciente que tiene con ellas. Convertiríamos cualquier objeto en infinitud.

Todos somos nuestra propia historia, la que es y será. Somos la infinitud de todos los caminos posibles en tiempo y espacio, pero, mientras la mente obligue a colapsar la inmensidad y recubrirla de voluntad personal, nuestra realidad se circunscribirá a la simple experiencia de evolucionar como individualidades. Por todos lados el infinito nos envuelve y a toda costa lo evitamos pensando. El infinito se presenta por doquier y, sin embargo, notamos limitación a nuestro alrededor, sin llegar a percibir que *la realidad es una infinita superposición de cogniciones simultáneas*. Dicha infinitud se colapsa en *nombres* y *formas* dando nacimiento al tiempo unidireccional y al pensamiento dialéctico. Más allá de la forma común de pensar con la que la mayoría humana detecta los objetos, existe la simpleza del *presente*, en cuya condición de percepción continua se esconde el más grande secreto que la mente y el corazón pueden encontrar: ver lo infinito en cada recodo de la percepción.

Asociación filosófica Vedanta Advaîta Sesha — AFVAS —

L a AFVAS nace como medio de acercamiento a la enseñanza que Sesha ha impartido por el mundo, así como para poder dejar un legado revisado íntegramente por él. Este extremo se resume en el artículo 3 de los Estatutos de la Asociación:

Artículo 3. La existencia de esta Asociación tiene como fines: el estudio y la divulgación de las enseñanzas del Advaîta del autor denominado Sesha, así como cualesquiera otras enseñanzas de este mismo autor, incluyendo las que se refieren a la filosofía oriental en general, a la práctica de la meditación y a la física cuántica y relativista.

Esta asociación se encarga principalmente de transcribir, corregir, revisar y editar los textos, audios y vídeos de los diferentes cursos y eventos realizados, para finalmente ponerlos a disposición pública en la web creada para ello (www.vedantaadvaita.com). Asimismo se realizan otras tareas que facilitan la expansión de su enseñanza, como pueden ser traducciones, Power Points, boletines, libros, etc. En el artículo 4 de los Estatutos se refleja este punto:

Artículo 4. Para el cumplimiento de estos fines se realizarán las siguientes actividades: la transcripción, edición y traducción de textos, audios, vídeos y cualquier otro soporte tecnológico de este mismo autor, así como el desarrollo de una página web donde incluir tales ítems.

Para sufragar este proyecto, los socios pagan una cuota mensual de 15 € (con posibilidad de hacerla efectiva en cuatro modalidades diferentes: mensual, trimestral, semestral o anualmente). Con el dinero recaudado se financian los trabajos realizados tanto por profesionales como por los propios socios.

Si el proyecto te parece interesante y quieres formar parte del mismo, o bien deseas informarte en profundidad sobre Sesha, puedes acudir a la siguiente web: www.vedantaadvaita.com.

En esta web podrás registrarte para recibir todas las novedades relacionadas con Sesha que la AFVAS hace públicas periódicamente. Igualmente, puedes acudir a nuestro correo electrónico, desde donde te informaremos gustosamente de todo lo concerniente a la AFVAS y a Sesha: direccion@vedantaadvaita.com.

Del mismo autor

VEDANTA ADVAÎTA
No-dualidad, estados de conciencia, práctica meditativa y cosmología vedanta

SESHA

Este texto es un compendio introductorio pero completo de la filosofía Vedanta Advaîta y de la práctica meditativa. Es una obra que solo podía realizar alguien que, habiendo penetrado la más alta Verdad No-dual, poseyera además un profundo conocimiento de la milenaria tradición hindú, así como la pedagogía necesaria para transmitirla con claridad y eficiencia. Este es el caso afortunado de Sesha.

MEDITACIÓN. EL CAMINO A LA LIBERTAD
Curso de meditación interna y externa

SESHA

La práctica meditativa nació en Oriente, con los primeros arios, como mecanismo práctico para navegar por los inmensos océanos del Ser. La meditación trasciende los planos físico o mental para dirigirnos a mundo insospechados, a realidades que se hallan ocultas tras los velos del pensamiento. Es el camino que nos lleva a experimentar la realidad no-dual y a alcanzar la certidumbre de nuestra propia inmortalidad.

GRUPO GAIA

Para más información
sobre otros títulos de
GAIA EDICIONES

visita
www.grupogaia.es
Email: grupogaia@grupogaia.es
Tel.: (+34) 91 617 08 67